全方位圖解 跑步技巧攻略

「山神」神野大地從伸展、跑姿到馬拉松訓練的基本功鍛鍊法

神野大地／著
童小芳／譯

前言

我從小學就開始打棒球，雖然從那個時候我就已經愛上跑步，但是直到國中才接觸到田徑。當時週六與週日都在球隊裡打棒球，週一至週五則為了加強體力而加入學校的田徑社。只要努力練習就能縮短跑出的時間，再更加把勁訓練速度還能更快一些。通常我在田徑的項目更能獲得成就感。努力會體現在時間上，付出就會有回報，這點令我備感著迷，因此逐漸地沉迷於這種樂趣之中。

進入中京大中京高中就學大大改變了我的命運。國中時期的前輩對我提出「要不要加入田徑社的練習？」之邀約，但是對於在國中時期並未取得任何實際成績的我而言，要下定決心進入實力堅強的校隊並不容易。然而，「想試試看再說」心中這股單純的想法格外強烈。我在高中時也沒有立即跑出好成績，而是腳踏實地反覆練習，才終於跑入縣內最高水準的程度。不過如今回想起來，正因為我不是跑得特別快的選手，想

要比別人更努力的心緒才會如此強烈。也正因為是從低階逐步往上爬，才會比別人更能夠感受到刷新個人最佳成績的喜悅以及田徑的樂趣，因而總是鬥志昂揚。我認為這便是我能夠持續成長的原因。

我們這些運動員是在一個「不能輸給一起奔跑的選手」的世界中競爭，但這並非跑馬拉松的唯一意義。即便輸給了身旁的跑者，因跑出個人最佳成績而欣喜萬分也是一件很美好的事，還能享受完賽所獲得的感動。請務必讀完本書並實際下場跑步，細細感受這種純粹的樂趣與馬拉松的醍醐味。

神野大地

目次

Part.1

用以預防運動傷害並提高表現的伸展運動

大家在跑步前後會做伸展運動嗎？
突然起跑會對身體造成莫大的負擔，
還容易傷及關節，因此務必做好伸展運動。
此外，跑步後不妨也做些放鬆肌肉
並且消除疲勞的伸展運動。

LESSON 1

跑步前的動態伸展為最適合的熱身運動

從事跑步的人正逐年增加，希望大家在跑步前務必進行動態伸展。

應該有些人會覺得要先做伸展運動很麻煩，或是本來有打算要做但不小心忘記做了。然而，如果突然起跑，會對身體造成莫大的負擔。尤其是容易傷及肩部、腰部與足部等部位的關節，因此跑步之前的伸展運動相當重要。動態伸展不僅是為了提高成績表現，也是有效預防運動傷害的方式之一。

動態伸展是透過積極活動身體來刺激關節周遭的肌肉，使肌肉提升溫度。此外，還能充分釋放出關節內的潤滑液而方便之後的身體活動。而且心率會隨之提高，讓心臟也能夠做好運動的事先準備。

只要在跑步前確實執行動態伸展讓身體動起來，在進行突發動作時，便不會因為肌肉突然受到刺激而動彈不得，反而能讓動作更加順暢、表現更好並塑造出健康的身體。

EFFECT

動態伸展的效果

積極地活動肌肉，讓關節的動作更順暢。
心率也會隨之提高，為心肺功能做好準備。

☑ 提高運動成績表現

在跑步前進行動態伸展運動，藉此讓肌肉提升溫度而進入可以最大限度地發揮跑步能力的狀態，有望提高運動的表現。

☑ 預防受傷

透過動態伸展做好熱身運動以提高體溫，藉此擴大關節的可動範圍，進入即便進行劇烈運動也不容易受傷的狀態。

TRAINING MENU

動態伸展的項目

讓擺手更順暢的伸展運動

不僅要活動手臂，還要有節奏地活動左右兩側的肩胛骨，藉此擴大可動範圍以便於活動，從而使跑步更為順暢。

讓腳步移動更順暢的伸展運動

刺激跑步中會用到的臀肌、內轉肌與髂腰肌等下半身肌肉，提升這些肌肉的溫度，還可以增加關節的可動性並且提高心率，為跑步做好準備。

用以修正重心的伸展運動

使用平衡球來活動骨盆周圍，藉此將肌肉的平衡與身體的平衡皆修正至正確的位置。

讓擺手更順暢的伸展運動

跑步時會頻頻使用肩部關節，因此最好確實做好伸展運動。跑步時，為了更順暢地大幅前進，這個擺手的動作更是至關重要。只要透過伸展運動往各個方向活動，便可進一步擴大可動範圍。

每個伸展運動各做10～20次。

1

10～20次

轉動肘部1

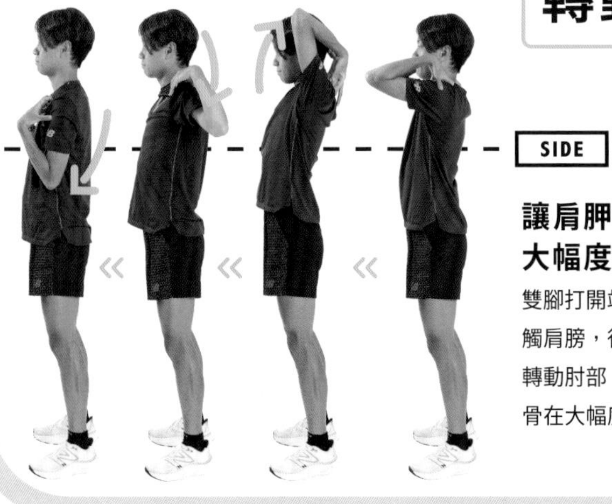

讓肩胛骨大幅度旋轉！

雙腳打開站直與肩同寬。雙手指尖碰觸肩膀，往前方、上方、側面與下方轉動肘部。關鍵在於進行時想像肩胛骨在大幅度活動著。

2

10～20次

轉動肩胛骨1

彎曲肘部，收攏肩胛骨後垂下手臂

雙腳打開與肩同寬站立，雙臂垂下於身體前方。在這樣的狀態下將雙手舉過頭頂。舉到頭頂後再將掌心朝外，彎曲肘部，收攏肩胛骨後垂下手臂。放下手臂時，肘部應往背部後方突出。

3

10～20次

擺手1

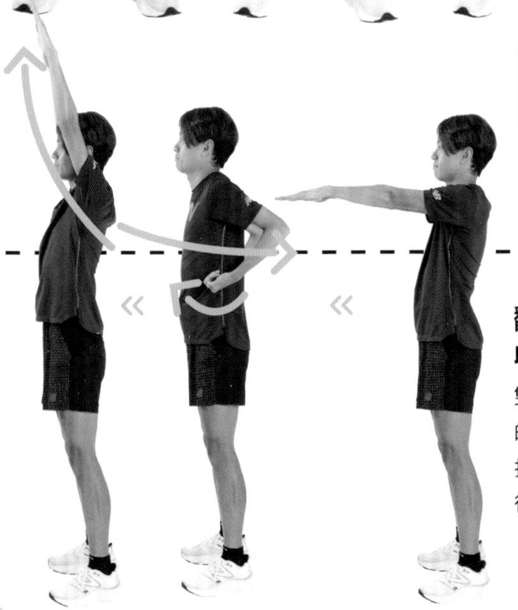

SIDE

翻轉掌心，收緊腋窩

雙手掌心朝下往前伸，翻轉掌心的同時收緊腋窩，再筆直地往上拉伸雙肘，直到肩部自然拱起。循序漸進地慢慢加大這個動作。

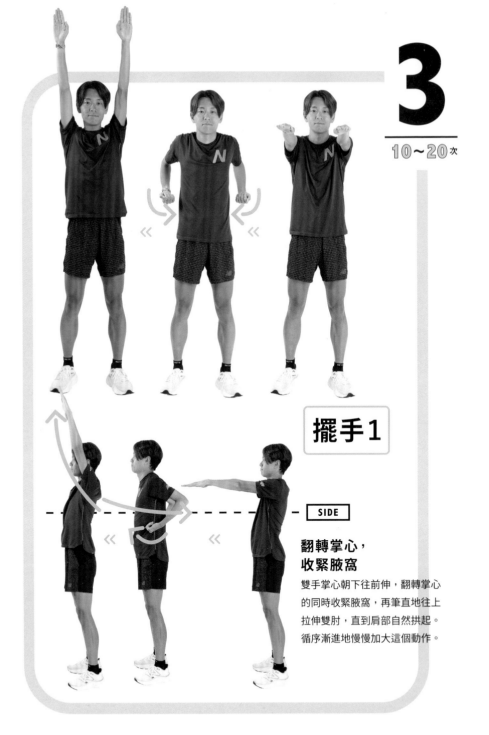

4

10～20次

轉動肩胛骨與頸部

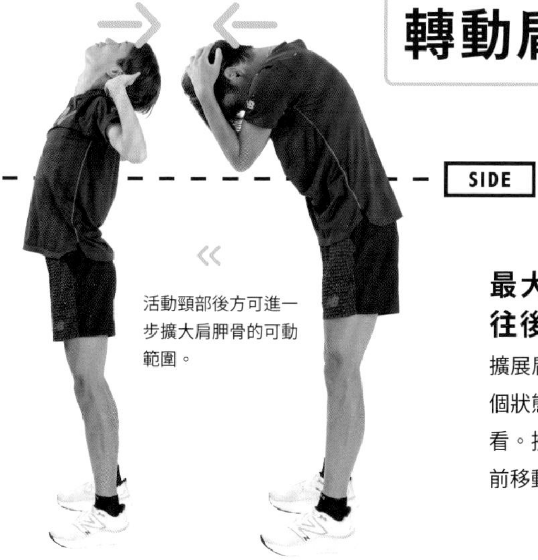

活動頸部後方可進一步擴大肩胛骨的可動範圍。

最大限度往後活動頸部

擴展肩胛骨，讓雙手置於頭上。以這個狀態收攏肩胛骨，再彎曲頸部往上看。接著從肩胛骨閉合的狀態用力往前移動頸部。

5

10～20次

轉動肘部2

Point

將肩胛骨往後拉。

留意著肩胛骨，轉動肘部

雙腳打開站直與肩同寬。用單手的指尖去碰觸肩膀，讓肘部往前方、上方、側面與下方轉動。關鍵在於進行時想像肩胛骨在大幅度活動著。左右交替進行這個動作。

6

10～20次

轉動肩胛骨2

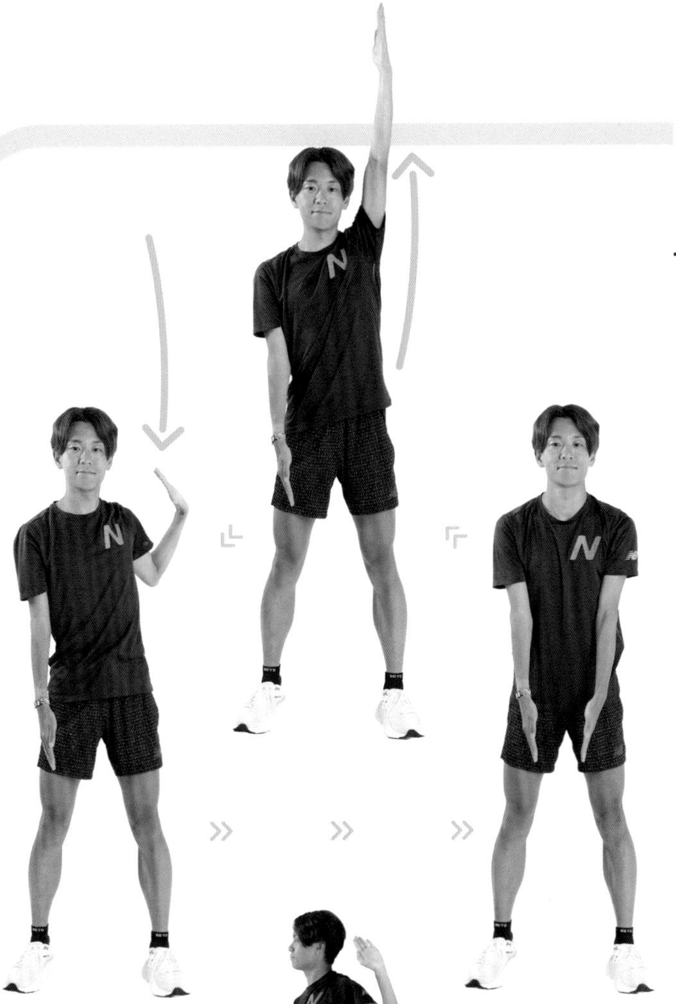

Point

將肩胛骨往後拉。

彎曲肘部，收攏肩胛骨

雙腳打開站直與肩同寬，雙臂垂下於身體前方。在這樣的狀態下將單手舉過頭頂。於頭頂將掌心朝外，彎曲肘部的同時，收攏肩胛骨後垂下手臂。放下手臂時，肘部應往背部後方突出。左右交替進行。

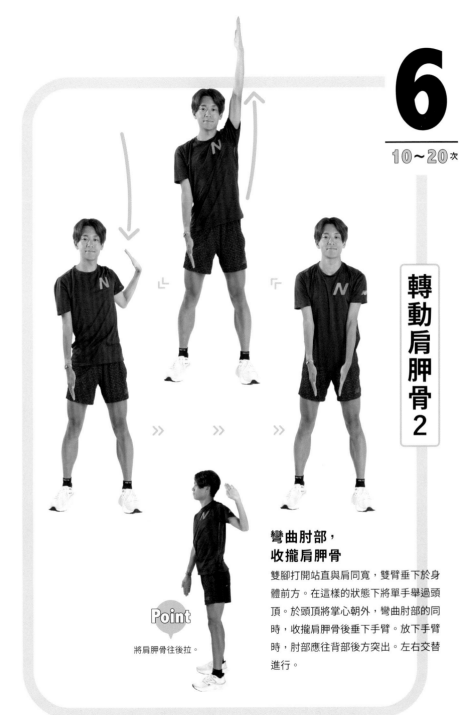

7

10～20次

擺手 2

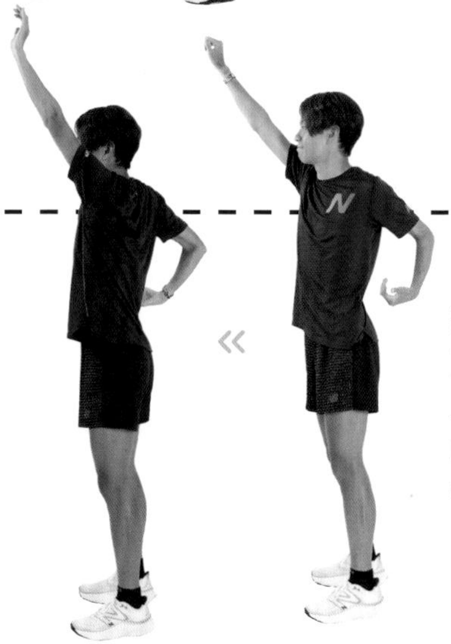

SIDE

拉伸肘部，直到肩部自然拱起

單隻手掌心朝下往前伸，翻轉掌心的同時收緊腋窩，再筆直地拉伸另一手的肘部，直到肩部自然拱起。

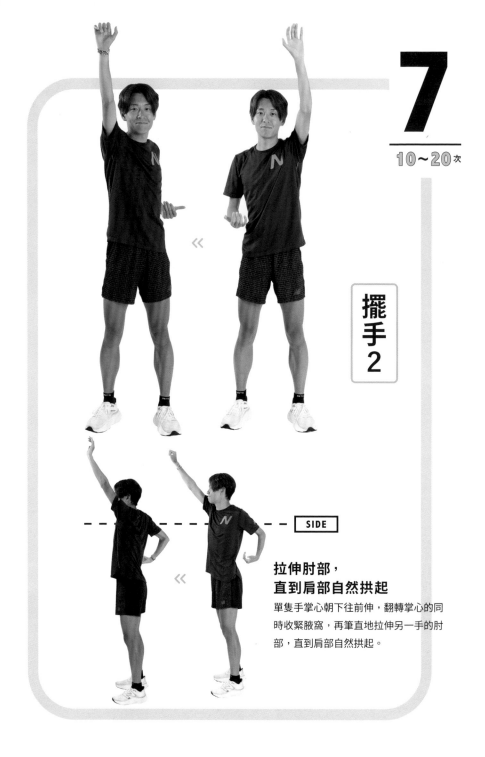

8

10～20次

體側拉伸

進行時以手觸碰腳尖前方

雙腳打開站立，幅度略比肩寬，彎曲兩腳的膝蓋，讓腳尖朝外。雙手往左右展開，將掌心朝向前方。視線始終面向前方，進行時想像著以手觸碰腳尖前方，讓身體緩緩倒向側面。左右交替進行。

這樣就NG！

基本上是往斜前方而非往側面傾倒

進行時應想像著讓身體往斜前方傾倒，而並非是往側面傾斜。

讓腳步移動更順暢的伸展運動

跑步過程中會使用到腿部、臀部、大腿前側、髕旁肌、內轉肌、小腿肚與腰部周圍等下半身的所有部位。刺激肌肉與關節，有節奏地動起來，好讓身體在跑步的過程中能更順暢地活動。

每個伸展運動各做10～20次。

1

10～20次

SIDE

請將大腿至少抬高到與地面平行。可以的話，盡自己所能地抬高。

抬腿1

大腿抬起，高於與地面平行

雙腳打開站直與肩同寬，保持稍微前傾的姿勢下，將單腳往後放下，與放下的腳同側彎起的手腕則往前伸出。用往後放下那隻腳的腳尖踢地，將大腿（髂腰肌）往前抬起。另一腳則輕踩在地上即可。

這樣就NG！

避免重心往後方移動

不應該因重心往後移而破壞了姿勢。

2

10～20次

抬腿2

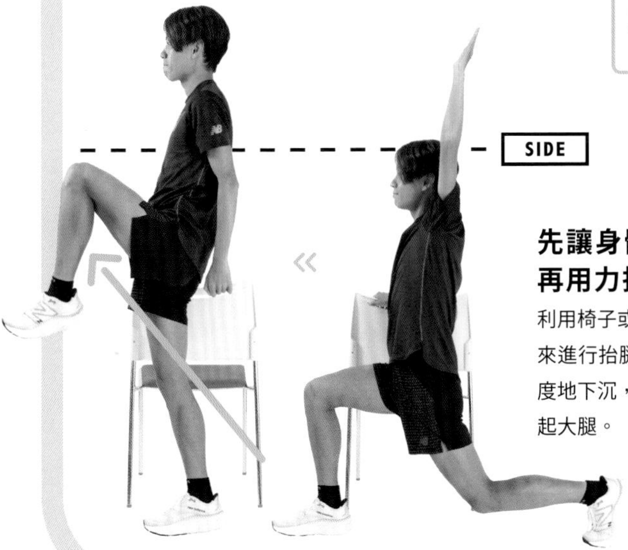

先讓身體大幅下沉，再用力抬起大腿

利用椅子或是牆壁，以更大幅度的動作來進行抬腿1。關鍵在於先讓身體大幅度地下沉，再藉此用力拉伸，使勁地抬起大腿。

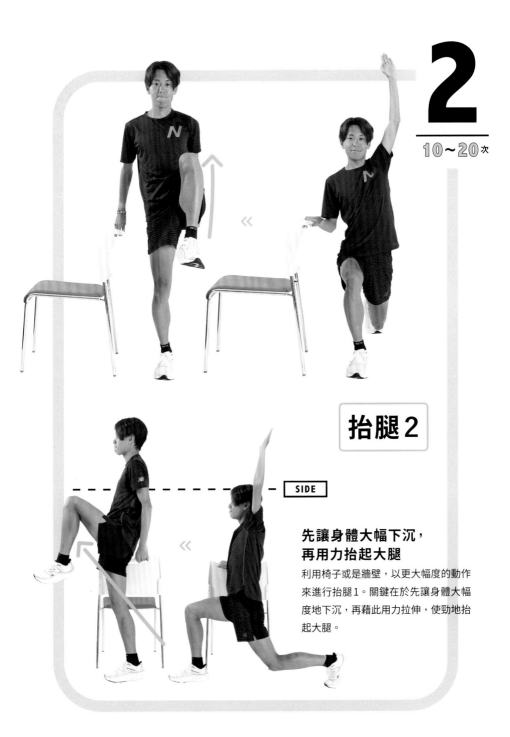

3

10～20次

轉動大腿內側

活動內轉肌，
用力抬起大腿。

腳朝外側放下，且腳跟不著地。

再進一步地降低腰部，會對腰部與臀部更具效果。

轉移重心後，放下另一隻腳

雙腳大幅打開比肩膀要寬，讓骨盆往下沉。腳尖朝外，彎曲兩腿膝蓋使身體下沉。運用內轉肌讓大腿大幅向內轉。留意著地時別讓腳跟接觸地面，左右兩側分別進行。

4

10～20次

轉動髖關節1

膝蓋朝外，將腿往側面抬起

雙腳打開站直與肩同寬，單腳往後退一步。先將往後拉伸的那隻腳膝蓋朝外，把腿往側面抬起。穩穩地抬起腿部後，膝蓋往前方移動，讓腳回到最初的位置。

Point

腳應穩穩地從外側轉回來。移動腿部時想像著是在躍過障礙物一般。

轉動髖關節2

5

10～20次

Point

腿部從側面邁出後往前移動。有節奏地動起來。

有節奏地活動腿部

雙腳打開站直與肩同寬，單腳往後退一步。將往後拉伸的那隻腳膝蓋朝外，把腿往側面抬起。腿約抬至胸前的高度後，膝蓋往前方移動，再讓腳回到最初的位置。左右交替重複。

6

10～20次

抬腿3

Point

利用地面的反作用力往前邁進。

利用地面的反作用力抬起大腿

雙腳打開站直與肩同寬，利用地面的反作用力抬起大腿，腳往前邁進。左右交替重複這個動作。

7

10～20次

有節奏地扭轉身體

雙腳打開站直與肩同寬，單腳往後退一步。從這個姿勢依「1、2、3、2、2、3……」的節奏動起來，在節奏「3」時身體往前腳的反對側扭轉。這個動作之目的在於提高心率。

修正重心的平衡球伸展運動

進行平衡球伸展運動，藉此擴大骨盆的可動範圍，甚至可以刺激到日常生活中難以伸展到的肌肉，讓肌肉恢復正常的位置。因為身體姿勢也較為穩定，以結果來說，比較不容易累積疲勞，亦可降低受傷的風險。
每個伸展運動各做10～20次。

1

10～20次

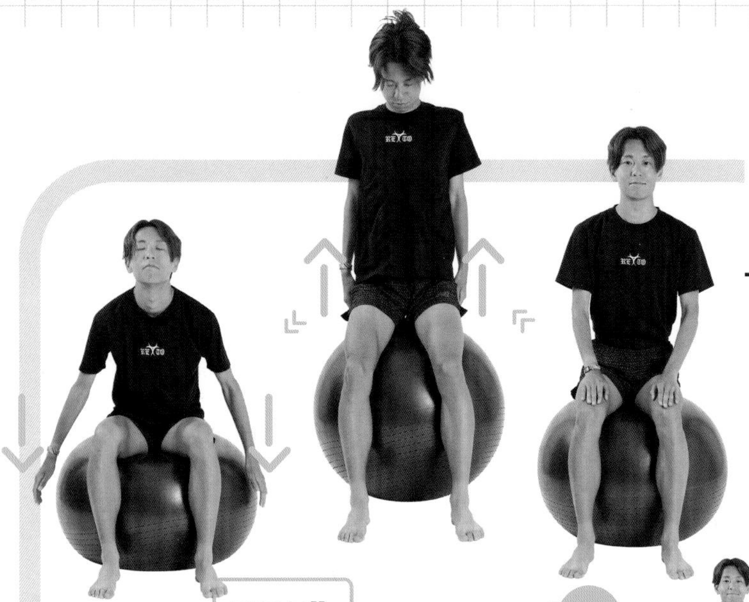

彈跳

Point

在雙膝之間空出寬度約為2個拳頭的距離。

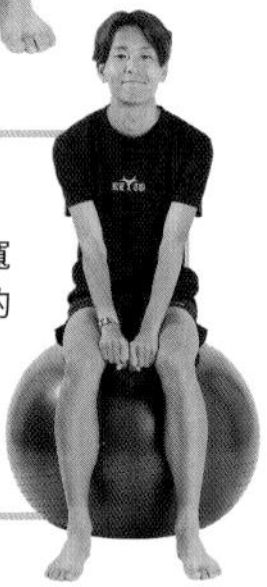

利用平衡球的反彈力往上下伸展並收縮

坐下並讓雙膝之間隔2個拳頭的空間，在這樣的狀態下利用平衡球的反彈力，讓全身往上下伸展並收縮。

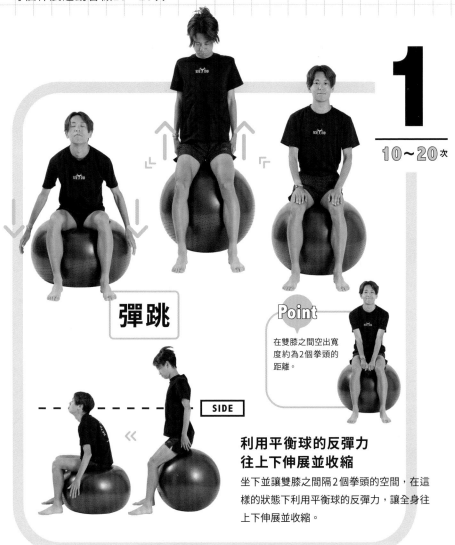

2

10～20次

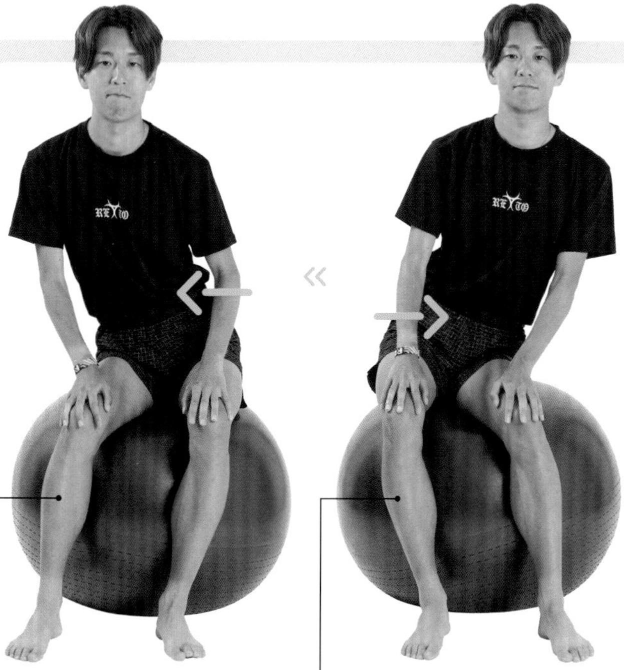

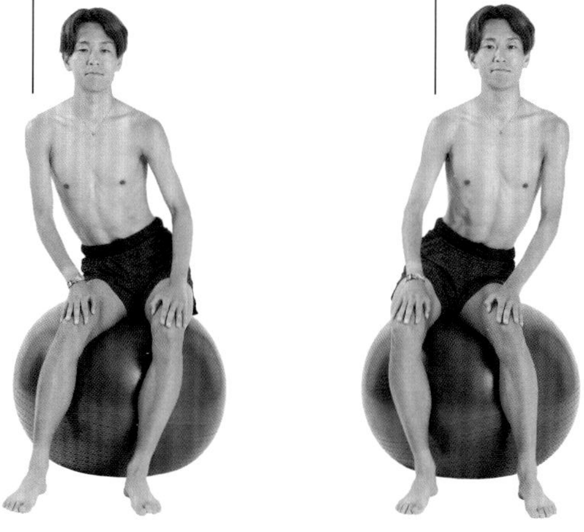

左右移動

僅腰部往左右移動

上半身維持挺直，全身不動，僅腰部（骨盆）往左右兩側移動。利用平衡球加大身體動作的幅度，擴大可動範圍。

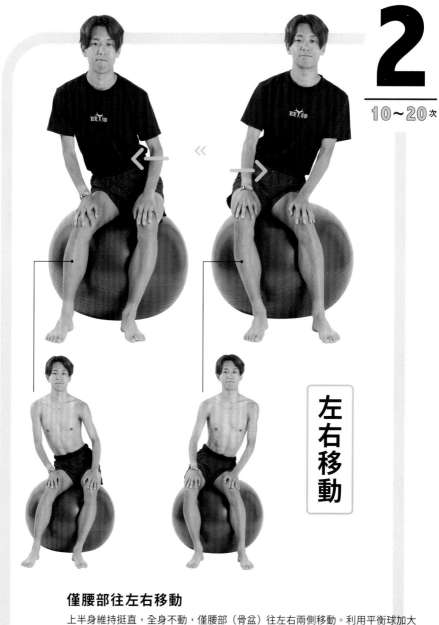

3

10～20次

前後移動

僅腰部往前後移動

上半身維持挺直，全身不動，僅腰部（骨盆）往前後兩側移動。利用平衡球加大身體動作的幅度，擴大可動範圍。進行時也可以配合動作加上擺動手部。

4

10～20次

旋轉

像畫圈一般轉動腰部

上半身姿勢維持挺直，全身不動，僅利用腰部（骨盆）像畫圈一般轉動。

這樣就NG！

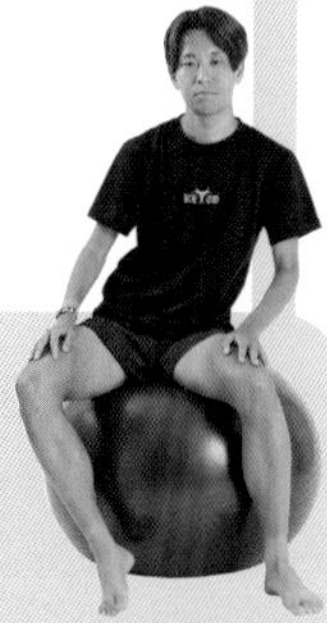

可以活動的只有骨盆！

希望只活動骨盆，因此以全身來移動是不可以的。

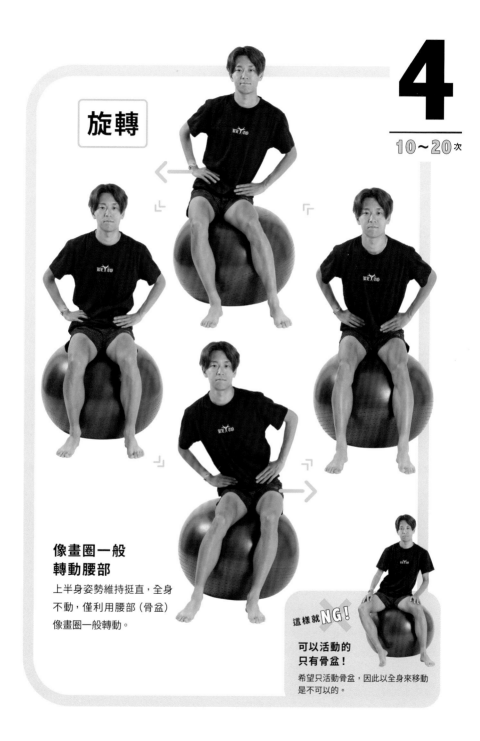

5 體側拉伸

10～20次
×
左右

利用平衡球的動作來伸展並收縮身體

拉伸身體的側邊時，在一般站立狀態下的活動範圍有限，但只要使用平衡球即可以擴大身體的可動範圍。不妨善用平衡球的動作，反覆進行身體的伸展與收縮。

6 扭腰

10～20次
×
左右

Point
確實拉伸手臂。

將身體往斜下方扭轉，拉伸腰部與側腹

雙腳打開站直，約與肩同寬，用雙手抱著平衡球。將身體往斜下方扭轉，拉伸腰部與側腹。待身體回到原位後，再往另一側的斜下方扭轉，伸展腰部以及側腹。抱著球活動即可以進一步擴大可動範圍。

背部拉伸

7

10～20次
×
左右

Point

讓伸展開來的身體回到原位時，請運用腹直肌蜷曲腰部。

將球往斜前方推，同時拉伸身體

以單手放在平衡球上，把身體的重量放在手臂上，將球往斜前方推，同時也要拉伸身體。等到充分伸展後，再緩緩將身體拉回原位。

世界上最有效的伸展運動

有效改善全身的可動範圍與柔軟度，結合了肌肉訓練與瑜伽要素之最強的伸展運動。

一般認為在開始練習前或賽事前等時候加入此動作為佳。

強度極高，對關節的負擔也較大，因此務必在確保體溫升高的狀態下進行。

預期的效果

- 提高軀幹部位與肌肉的溫度
- 擴張胸廓使呼吸更順暢
- 增加關節的可動範圍
- 改善平衡感與神經系統的感知　等等

左右各5次

穩定下半身，左右各進行 5 次

單腳往前踏出，肘部如貼附腿部內側般蹲下。接著將與往前踏出的腳同側的手臂高舉朝天。讓雙手貼地後，做出如田徑短跑起跑時的姿勢，身體往後方降低，抬起前腳的腳尖。拉伸小腿肚、髖旁肌與大腿前側的內部。穩定下半身以免造成上半身搖搖晃晃，左右各進行5次。

LESSON 2

在練習後用靜態伸展緩解肌肉的緊繃狀態

應該有不少人都曾經有過這樣的經驗：在運動後的隔天，因身體疲倦而無法維持穩定的表現，或是覺得身體沉甸甸的。尤其是在劇烈運動後的隔天，往往會比較容易累積疲勞。

跑步之後，肌肉會因為乳酸堆積而收縮變硬，陷入難以排出老廢物質的狀態。如果在練習之後等等的時機沒有做伸展運動，肌肉就會變得更硬，也更容易累積疲勞。進行伸展運動可以讓在跑步中所用到的身體每一塊肌肉都伸展開來，藉此緩解肌肉的緊繃狀態並且改善血液的流動，即可以消除疲勞或是改善柔軟度等。

只要配合從事的運動讓身體加以降溫（伸展運動），不僅可以預防受傷，還能夠緩解勞動過的肌肉，並且增加可動範圍以及柔軟度。如此便能以良好的狀態去應對隔天的練習，有助於塑造不易受傷的強健身體。此外，一邊深呼吸一邊進行伸展運動也會有放鬆的效果，提高睡眠品質的效果可期。

不過伸展運動最好維持在「雖有痛感但舒服」的程度即可，不然很有可能會造成反效果。如果做到身體會顫抖的程度，肌肉反而會收縮起來，還請格外留意。

EFFECT

靜態伸展的效果

可以放鬆身心，讓血壓與心率下降。
刺激副交感神經，提高放鬆的效果。

✓ 放鬆身心

活動身體可以提高心率與血壓，發揮交感神經的作用。透過靜態伸展放鬆全身的肌肉，讓副交感神經的作用較為優先，達到提高放鬆的效果。

✓ 消除疲勞

肌肉有一疲勞就會收縮起來的特性，透過靜態伸展來拉伸肌肉，使血液循環更順暢，即可以加快消除疲勞的速度。

TRAINING MENU

進行靜態伸展時的注意事項

- **在進行時避免引起反作用力。**
- **緩慢拉伸，在即將感覺到疼痛時停止（做到肌肉顫抖的程度反而會沒有效果）。**
- **維持姿勢不動，至少伸展20秒。**
- **拉伸時，應一邊吐氣一邊伸展，不要閉氣。徹底拉伸後，再緩慢地呼吸。**

1

上半身

20～30秒
×
左右

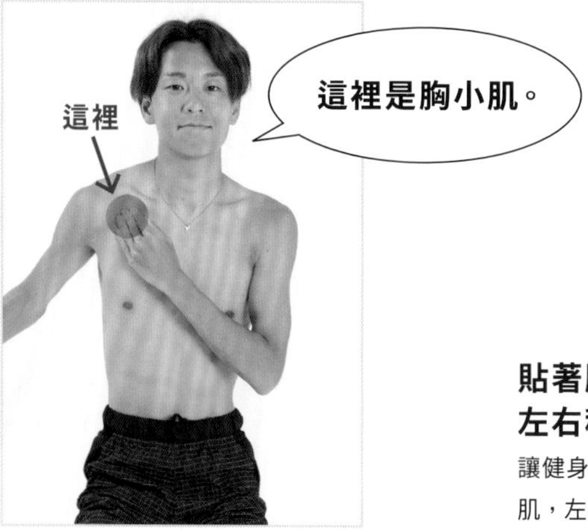

放鬆胸小肌

貼著胸小肌，左右移動

讓健身棒（StretchPole）貼著胸小肌，左右移動使其放鬆。只要這個部位放鬆了，胸腔就會舒展開來而讓呼吸更為順暢。

2

上半身

約20～30秒

×

左右

放鬆肩胛骨

貼著肩胛骨下方，
左右晃動

讓健身棒貼著肩胛骨下方，左右晃動約30秒。

3

上半身

約20～30秒

放鬆背部

貼著腰部，
緩慢移動背部

讓健身棒貼著腰部，從肩胛骨下方緩慢地移動至臀部上方附近，讓背部放鬆。

4

上半身
20～30秒

拉伸肘部

雙肘放在上面，用力拉伸

將雙手肘部放在健身棒上，頭朝下，用力拉伸。即使在這個狀態下仍應如常呼吸。

5

上半身
20～30秒

展開胸膛

躺在健身棒上，展開胸膛

躺在健身棒上，展開胸膛。在這樣的狀態下進行腹式呼吸。

什麼是加壓？

為了提高伸展運動帶來的效果所做的額外準備。只要運用健身棒來進行加壓（compression），在後續的伸展運動中會有更好的伸展效果。在肌肉放鬆的狀態下進行伸展運動，可以進一步擴大可動範圍。

1

加壓
10～20次
×
左右

臀肌

不斷滾動

將健身棒放在臀肌上進行滾動。

2

加壓
10～20次

膕旁肌

貼著膕旁肌移動

讓健身棒貼著膕旁肌，上上下下地滾動。

3

加壓
10～20次

小腿肚

一邊移動腿部位置、一邊加以晃動

將小腿肚放在健身棒上，晃動小腿肚側面。隨後將腿部位置稍往側面移動，並再次晃動小腿肚側面。

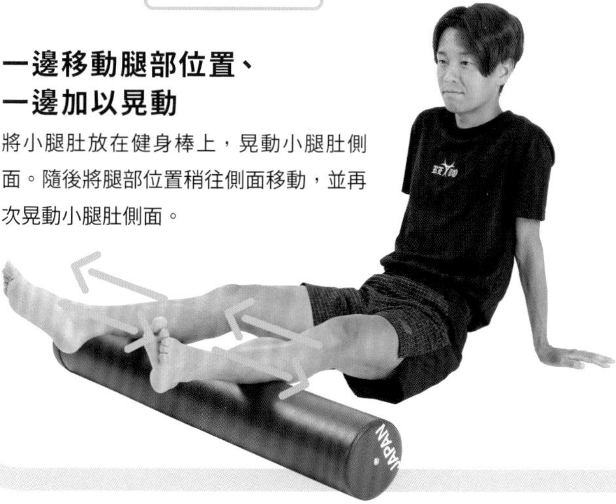

4

加壓
各10～20次
×
左右

放鬆小腿、內轉肌與股外側肌

貼著各個部位移動以放鬆肌肉

讓健身棒貼著此步驟提及的各個部位，持續移動以逐步放鬆肌肉。

1

拉伸臀肌1

下半身

20～30秒

×

左右

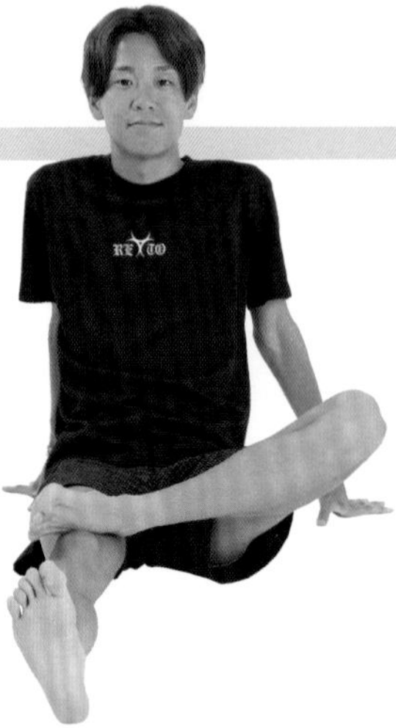

«

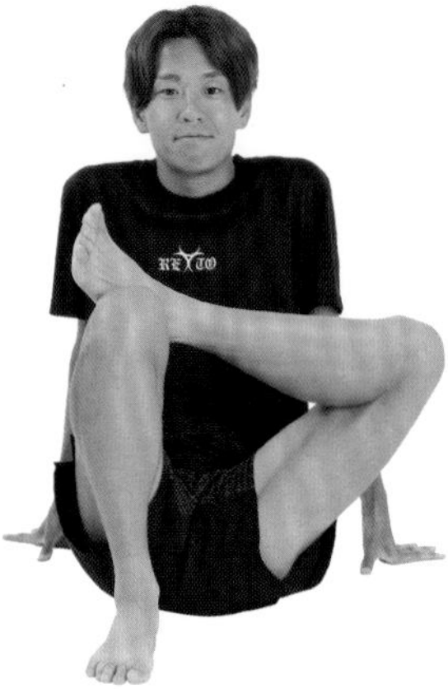

將伸展開來的腿往臀部靠近

將單腳放在伸展開來的另一腳膝蓋上面，將伸展開來的腿部往臀部靠近。維持此狀態30秒。

2

拉伸臀肌2

下半身

20～30秒

×

左右

FRONT

SIDE

維持20～30秒以感受肌肉的拉伸

讓前腿的臀肌處於拉伸狀態。維持此姿勢20～30秒。

3

下半身
20～30秒
×
左右

拉伸臀肌3

單膝用力拉近胸口並維持不動

躺在地上，將單膝用力拉近身體，藉此拉伸臀大肌。

4

下半身
20～30秒
×
左右

拉伸梨狀肌

維持單膝在胸前的狀態

將單側膝蓋拉近自己的胸前，拉伸梨狀肌。

這樣就NG！

臀部始終貼著地，不要抬起

一旦臀部抬起便會難以伸展，須格外留意。

5

下半身

20～30 秒

×

左右

拉伸臀中肌

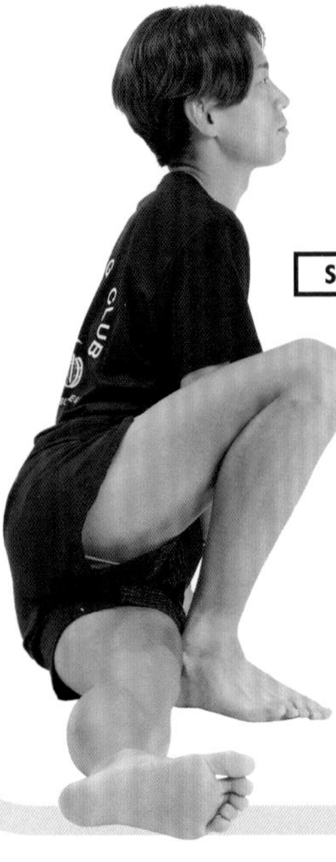

SIDE

目視前方，姿勢打直

手臂與腳部維持筆直，姿勢也請切勿前傾或是後傾。

拉伸張闊筋膜肌

6

下半身

20～30秒 × 左右

以毛巾勾著腳緩緩倒下

以彈力帶或是毛巾勾腳，用另一側的手拉著腳部往上抬，再緩緩地將腳部放下。透過這個動作拉伸骨盆側邊以及張闊筋膜肌。

Variation

感受著重力的同時緩緩地向側面放下

如果沒有毛巾或是彈力帶的話，可以讓肘部著地，如照片般將腳部往上抬，再一邊感受著重力、一邊緩緩地向側面放下。

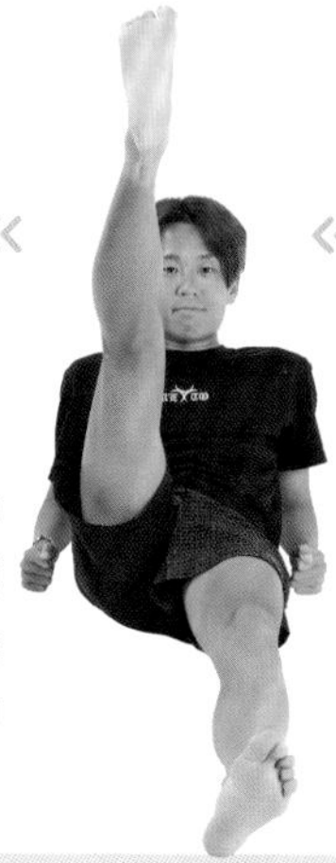

7

下半身

20～30秒
×
左右

拉伸內轉肌

施加自身重量的同時逐漸往前倒下

單腳往側面展開，讓腳尖朝前傾倒。靠著自身的體重將身體稍微往前方傾倒。左右進行此動作。

8

下半身

20～30秒
×
左右

拉伸膕旁肌

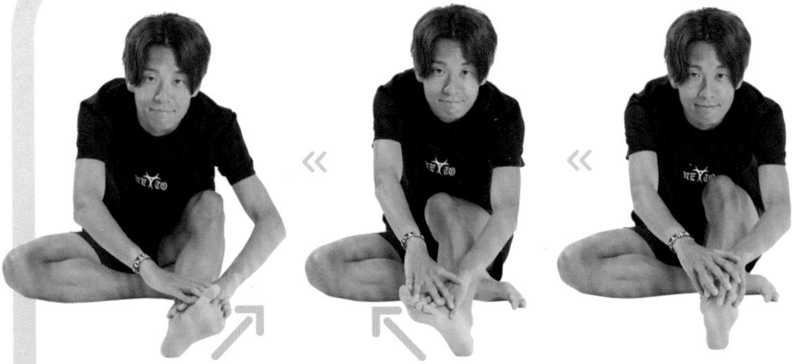

腳踝往3個方向全面拉伸

將單腳放在伸展開來的那隻腳膝蓋下方，曲著腳也無妨。在這個狀態下將身體重量往前靠。膕旁肌分為半腱肌、半膜肌與股二頭肌3個部分，讓腳尖分別朝向內側與外側伸展以便往3個方向全面拉伸這些肌肉。

9

下半身

20～30秒

×

左右

拉伸髂腰肌

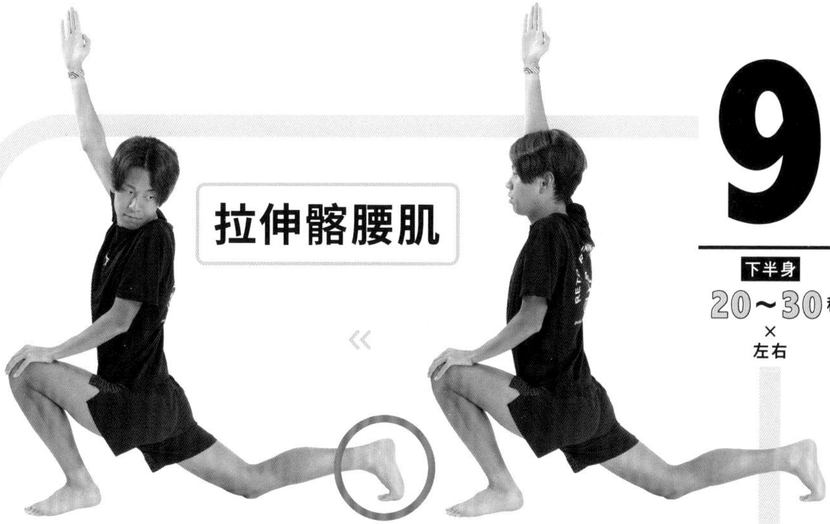

臉朝側面時，視線看向後腳腳跟

讓骨盆大幅下沉後，將單手筆直往上方拉伸。從這樣的狀態將身體往前傾倒，臉則朝向舉起的手之另一側。此時請看向後腳的腳跟，伸展髂腰肌。

10

下半身

20～30秒

×

左右

拉伸股四頭肌

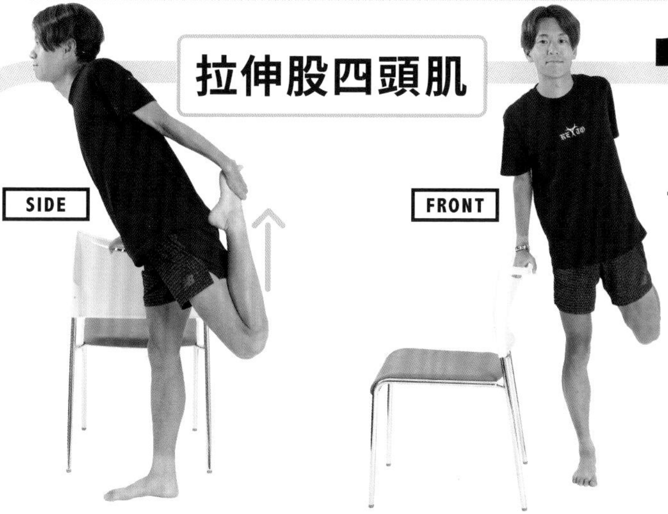

想像著將膝蓋往後拉起般抬起腿部

將單手放在椅子上，用另一隻手握住腿部，身體稍微前傾。想像著將膝蓋用力往後拉起般將腿部往上抬，左右分別進行此動作。

11

下半身

20～30秒
×
左右

拉伸比目魚肌

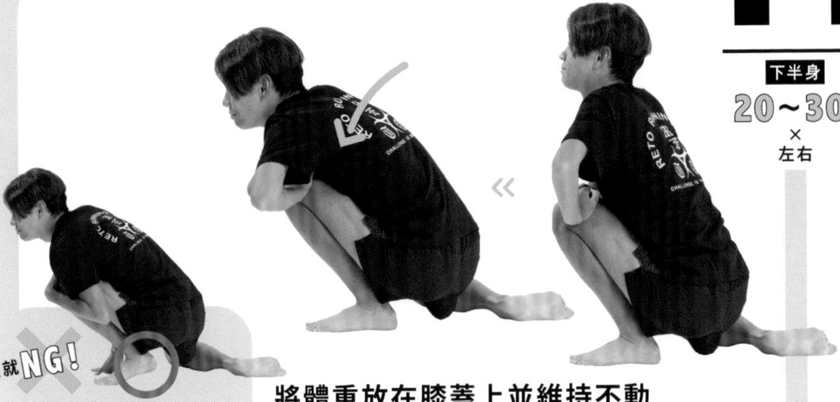

這樣就NG！

腳跟不可抬起

在此希望拉伸的是小腿肚。須留意不要抬起腳跟，以免無法充分伸展。

將體重放在膝蓋上並維持不動

這個伸展運動是用來伸展在阿基里斯腱附近的比目魚肌。將身體重量放在膝蓋上，施加體重不疾不徐地拉伸20～30秒。

12

下半身

20～30秒
×
左右

拉伸腓腸肌

從四肢著地的姿勢
抬起一隻腳

從四肢著地的狀態下，筆直地抬起一隻腳。

這樣就NG！

腳跟一旦抬起
便無法充分伸展

若貼著地面的腳跟抬起，便會無法充分拉伸想要伸展的部位。進行時須留意避免抬起腳跟。

13

下半身

20～30秒 × 左右

拉伸小腿

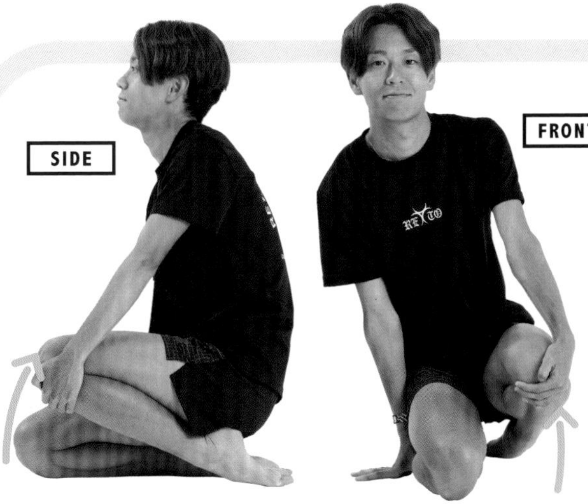

單手握住膝蓋，用力往上抬

在正跪坐的狀態下，抬起單腳的膝蓋來拉伸小腿。

14

下半身

20～30秒

拉伸腳底

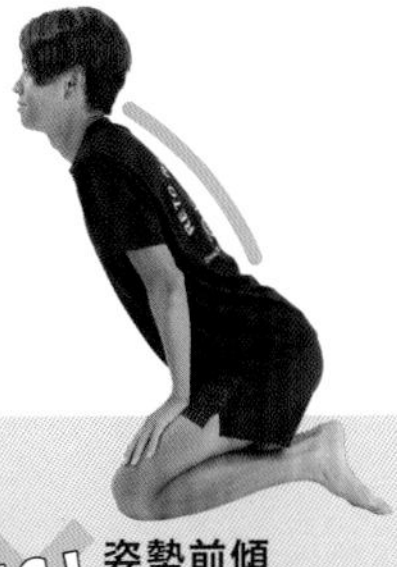

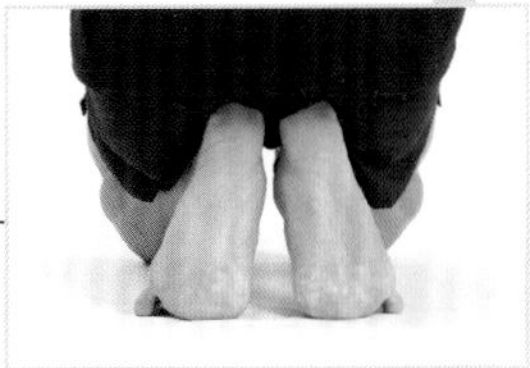

這樣就NG！ 姿勢前傾會沒有效果

若將身體的重心往前而呈現前蹲狀，體重就不會落在腳跟上。

用腳跟感受臀部的重量

將臀部的重量放在腳跟上，用力地拉伸。

COLUMN 1

Kamino Note

青學時期的嚴苛練習以及與隊友之間的回憶

我在就讀青山學院大學的時期除了週一休息外，其他的日子都在練習。每天一大早就有安排練跑，當時都是4點45分起床，5點20分前往距離宿舍800m左右的公園。做完伸展運動後，會跑13～14km。練習之後，吃完早餐便去學校上課，傍晚再接著繼續練習。我會沿著上坡跑到離宿舍5km遠的操場，練習結束後再順著下坡返回宿舍。吃完晚餐之後會做些身體護理，並於22點上床睡覺，好為隔天早上的練習做好準備。我當時對這樣的生活並未感到任何懷疑，反而從日復一日的生活中感到充實。這是因為我有日本箱根驛傳這個終極的目標。這是一個大家都朝著這個目標互相切磋琢磨的環境，我想當時應該是這樣的環境一直激勵著自己。

當時我還是大學一年級的學生，與同年級的隊友提出「升上四年級之後，要在箱根驛傳中獲勝」的目標，在青學（青山學院大學之簡稱）初期的競賽生活相當嚴苛且刻苦。之所以能夠克服這些難關，是因為我有個遠大的目標：「希望與這群夥伴一起在原晉教練的帶領下變強並且獲得優勝。」

事實上，我是從青學時期開始熱中於進行動態伸展與靜態伸展。在入學的時候，我的周遭都是些實力強勁的選手與前輩，讓我產生再這樣下去無論如何都沒辦法被選上參加箱根驛傳的危機感。我認為僅憑藉練習是無法拉開差距的，於是開始思考在練習以外的部分多作努力是否就能分出優勝劣敗呢？雖然這些事情都是顯而易見的，卻很少有人會實際投注時間去做。我在這方面付出了時間，也確實有了成效。我認為，意識到在跑步練習以外之處投注時間的重要性，與我大學時期的成長體驗有很大的關係。

Part.2

適合市民跑者的訓練

透過讓腹部凹陷般的
「Draw-in（縮腹）」動作，
鍛鍊以腹橫肌為主的肌肉，
從而能夠以穩定的姿勢來跑步。
此外，結合高負荷的訓練，
志在增強肌力與改善心肺功能。

LESSON 1

在家也能輕鬆完成的核心訓練，鍛鍊腹橫肌以求穩定軀幹

Draw-in（縮腹）這種訓練是透過呼吸來鍛鍊腹橫肌、腹內斜肌、橫膈膜肌與多裂肌等身體腹部的深層肌肉。腹橫肌與腹內斜肌當然不在話下，還有可能同時鍛鍊到平常很難訓練到的橫膈膜肌與多裂肌，在進行腹式呼吸的同時，配合著吸氣讓腹部大幅鼓起，吐氣時則用力讓腹部凹陷，如此就可以鍛鍊腹部周圍的肌肉。腹部施力時，往往容易往腹直肌的部位用力，但這麼做是不行的。留意腹橫肌的收縮也是一大關鍵。

腹橫肌在腹部肌肉中是屬於身體內側的肌肉，被稱作「深層肌肉」。肉眼可見的肌肉則稱作腹直肌。另一方面，腹橫肌為深層肌肉而無法直接用肉眼看到，但是透過Draw-in來鍛鍊軀幹卻可以維持身體軸心的穩定性。如此一來姿勢將獲得改善，消除跑姿在跑步時的偏移。此外，Draw-in不僅能提高運動表現，對於緩解腰痛等也頗具效果，另外還可期待消除凸肚等瘦身或是各式各樣的效果。

EFFECT

Draw-in 可期待的效果

鍛鍊內側肌肉「腹橫肌」，
藉此改善腹部與髖關節周圍的肌力與平衡。

改善姿勢

鍛鍊身體腹部周圍的深層肌肉，即可強化軀幹，自然會更容易維持良好的姿勢。

消除腰痛

只要鍛鍊軀幹，腹橫肌便會發揮天然矯正衣的作用。減輕腰部周圍的負擔，便於維持輕鬆的姿勢。

消除凸肚

發揮從內側收緊下腹部的效果，有助於消除凸肚。

腰部周圍變細

只要鍛鍊腹橫肌、腹外斜肌以及腹內斜肌，就可以使腰部變細。

增強內臟的功能

改善姿勢，藉此讓受到壓迫的內臟取回原有的空間，從而改善其功能。還有改善便祕與血流的效果，從而消除虛冷症狀。

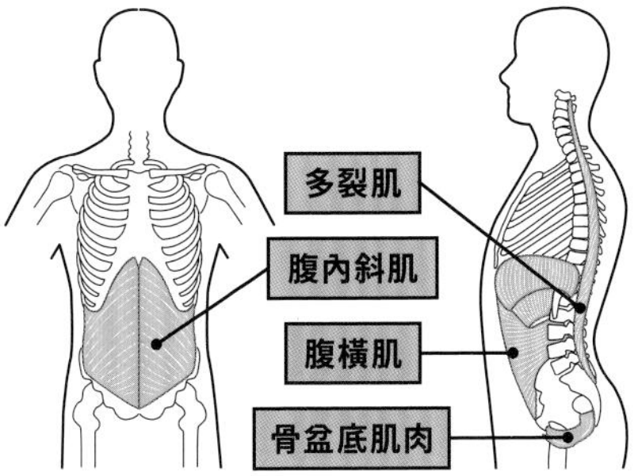

WORK OUT

透過 Draw-in 可鍛鍊到的肌肉

Draw-in

藉此讓身體軸心不易偏移，還能改善姿勢，從而能輕鬆跑步

1

1～3 SET
10～30秒

仰躺進行Draw-in，
更容易意識到腹部與背部肌肉的運動

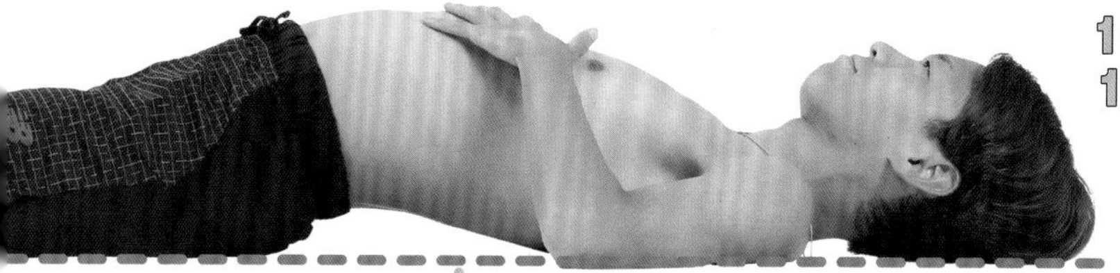

①收緊肛門，吐氣

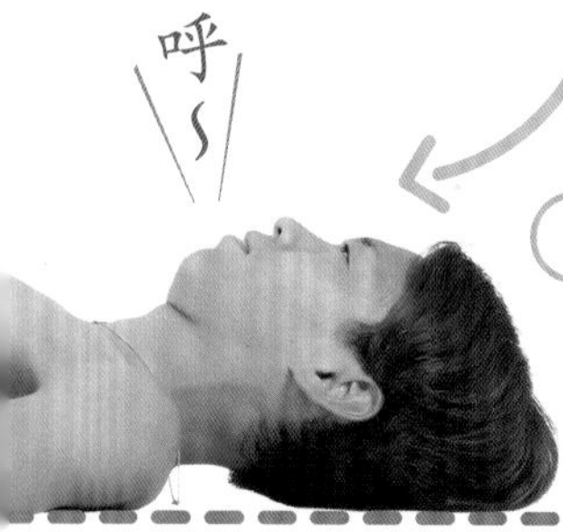

Variation

一開始從立起膝蓋來嘗試！

如果對雙膝打直來進行感到有困難的人，不妨先從立起膝蓋的狀態來嘗試。最重要的是仰躺著進行這個變化版的Draw-in姿勢。不疾不徐地反覆進行，直到能夠掌握腹橫肌出力的感覺為上。

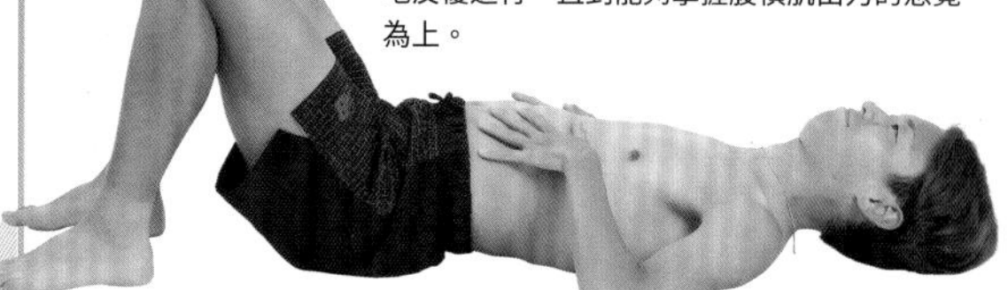

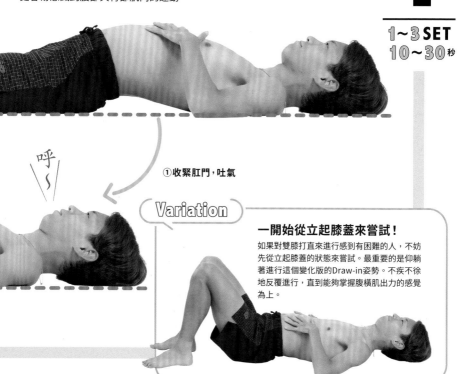

跑步必須鍛鍊看不到的內側肌肉（深層肌肉）。只要透過Draw-in鍛鍊深層肌肉，身體軸心就不易偏移，連帶著還能改善姿勢。因著骨盆會前傾，雙腿會更容易往前邁進，從而能輕鬆地奔跑。

然而，這個動作雖然看似簡單，實則需要花費時間去學習。我在青山學院大學時期花了3個月才學會這個「Draw-in」動作、2個月學會「四肢著地Draw-in」、2個月學會「跪姿Draw-in」，而「T字Draw-in」則花費了3個月。務必從「Draw-in」開始依序進行，確實學會一項後，再去學下一項。

徹底吐氣，直到完全沒氣為止

面朝上仰躺。膝蓋打直或彎曲皆可。若想確認腹部的運動狀況，不妨試著將雙手放在腹部上。徹底吐氣，直到腹部內縮得扁到不能再扁為止後，在此狀態下反覆進行淺呼吸。重複此動作1～3次左右。等到習慣之後，請試著增加組數。學會仰躺著進行後，再挑戰四肢著地Draw-in。

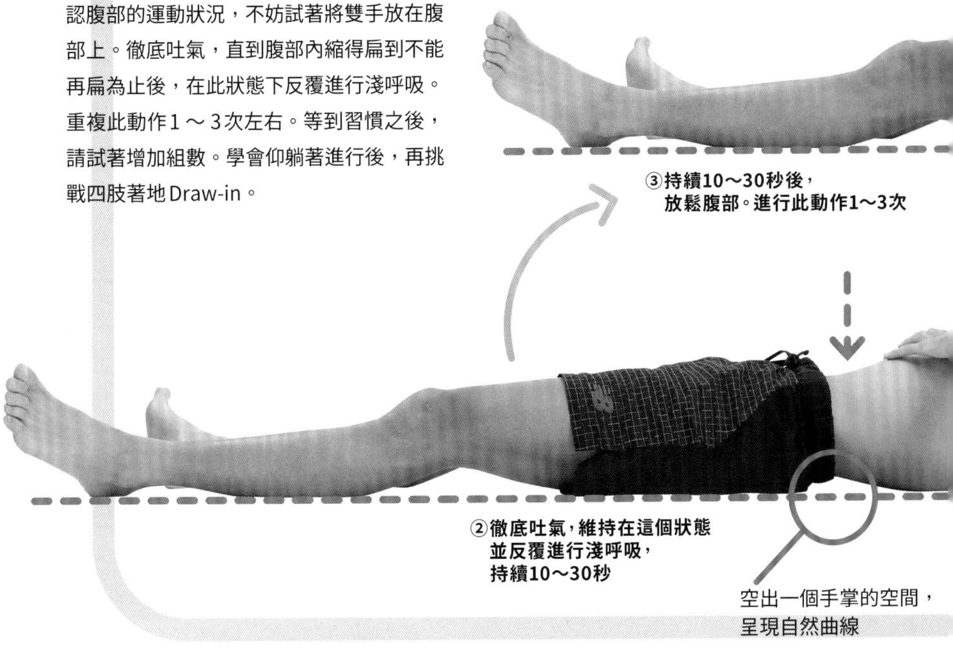
③持續10～30秒後，
放鬆腹部。進行此動作1～3次
②徹底吐氣，維持在這個狀態
並反覆進行淺呼吸，
持續10～30秒
空出一個手掌的空間，
呈現自然曲線

四肢著地 Draw-in

將重力轉化為負荷，即可進一步提升效果

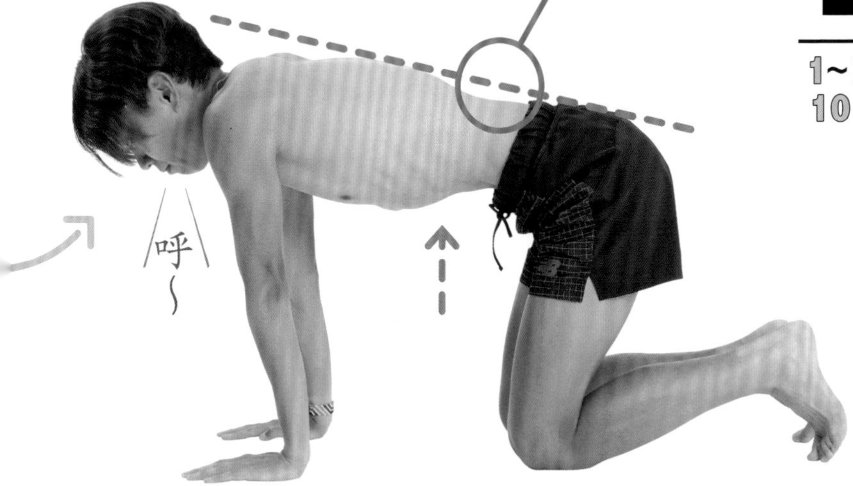
空出一個手掌的
空間，呈現自然
的曲線
收緊肛門，吐氣

2

1～3 SET
10～30秒

這樣就NG！ 切勿往腹直肌等處施力

所有的Draw-in動作都有個共通點，就是當腹部在用力時，不可以往腹直肌、臀部與肩部等處施力。因為多餘的力道將會有礙於做出正確的縮腹動作。

四肢著地的Draw-in動作可以進一步提升帶來的效果。將重力轉化為負荷，就可以進一步鍛鍊腹橫肌。請確實感受著脊柱的狀態，將腹部往背部方向拉攏。

可以實際感受到這個動作會比以一般姿勢進行Draw-in更能直接作用於腹部。

Point

有意識地保持自然曲線

在擺姿勢時要盡量呈現出身體自然的曲線。

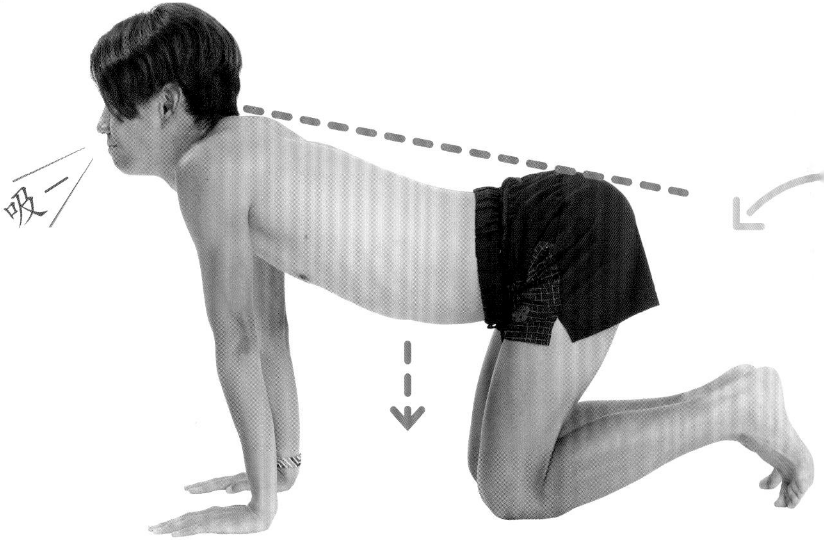

蜷曲背部
以收縮腹部

雙手與雙膝貼地呈四肢著地狀，使手臂以及大腿與地面垂直。從該狀態開始蜷曲背部，用力收縮腹部並且徹底吐氣。持續10～30秒之後，一邊吸氣一邊逐步恢復到原來的姿勢。重複這個動作。

跪姿 Draw-in

繼仰躺與四肢著地的 Draw-in 之進階挑戰

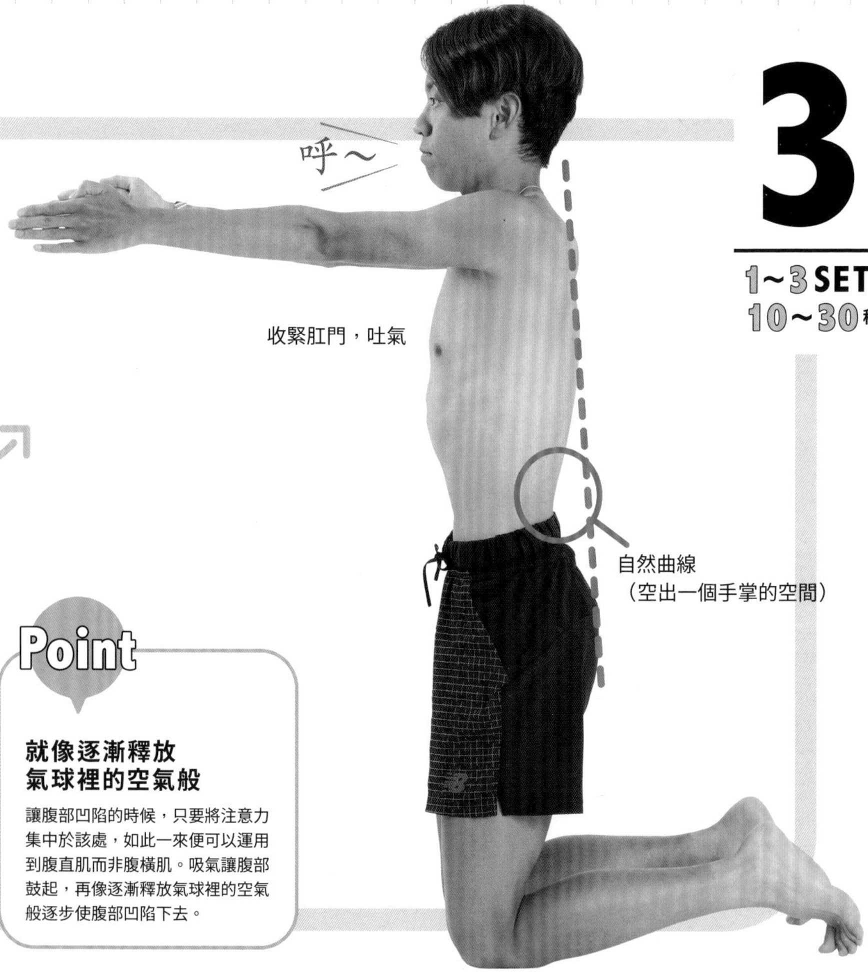

3

1～3 SET
10～30 秒

Point

就像逐漸釋放氣球裡的空氣般

讓腹部凹陷的時候，只要將注意力集中於該處，如此一來便可以運用到腹直肌而非腹橫肌。吸氣讓腹部鼓起，再像逐漸釋放氣球裡的空氣般逐步使腹部凹陷下去。

學會在仰躺與四肢著地的狀態下Draw-in後，接下來請試著挑戰看看在跪姿狀態下進行Draw-in。將膝蓋打開與骨盆同寬，呈現跪姿，把雙手往前伸直。擺正好姿勢之後，挺起胸膛。用嘴巴慢慢地吐氣，讓腹部逐步凹陷。徹底吐氣後，請在腹部凹陷的狀態下，一邊反覆進行淺呼吸、一邊放鬆。

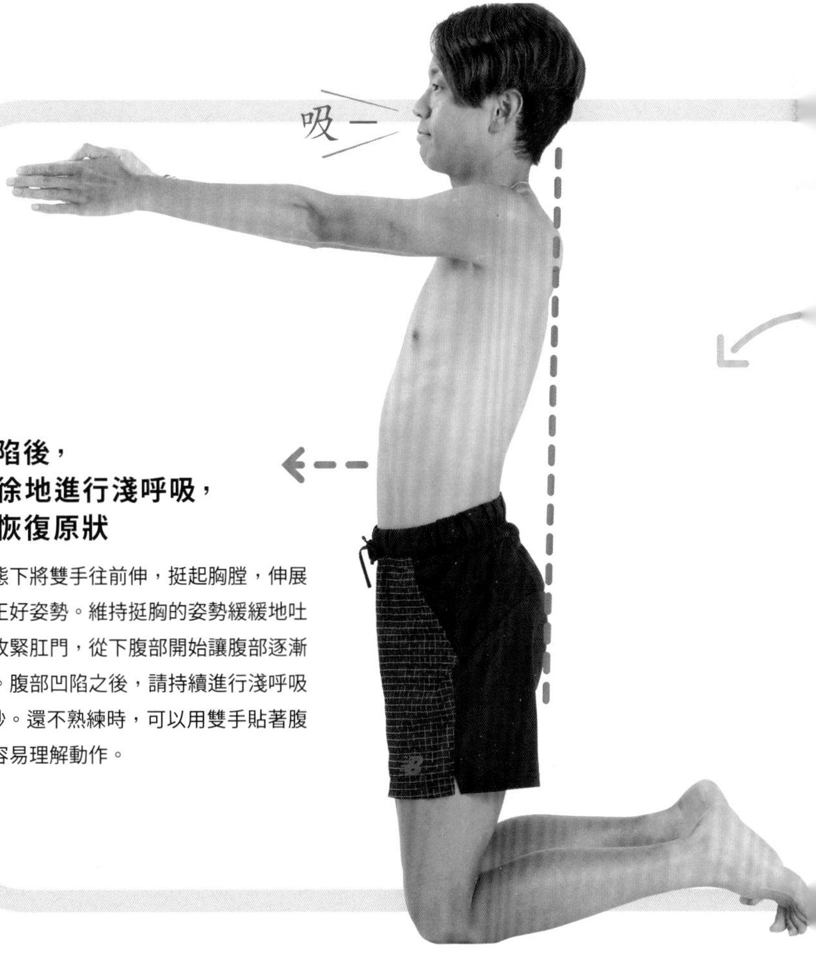

腹部凹陷後，
不疾不徐地進行淺呼吸，
讓腹部恢復原狀

在跪姿狀態下將雙手往前伸，挺起胸膛，伸展背肌，擺正好姿勢。維持挺胸的姿勢緩緩地吐氣，同時收緊肛門，從下腹部開始讓腹部逐漸凹陷下去。腹部凹陷之後，請持續進行淺呼吸10～30秒。還不熟練時，可以用雙手貼著腹部會比較容易理解動作。

T字Draw-in

觀察腰帶上的孔
來確認 Draw-in 的效果

4

1~3 SET
10~30 秒

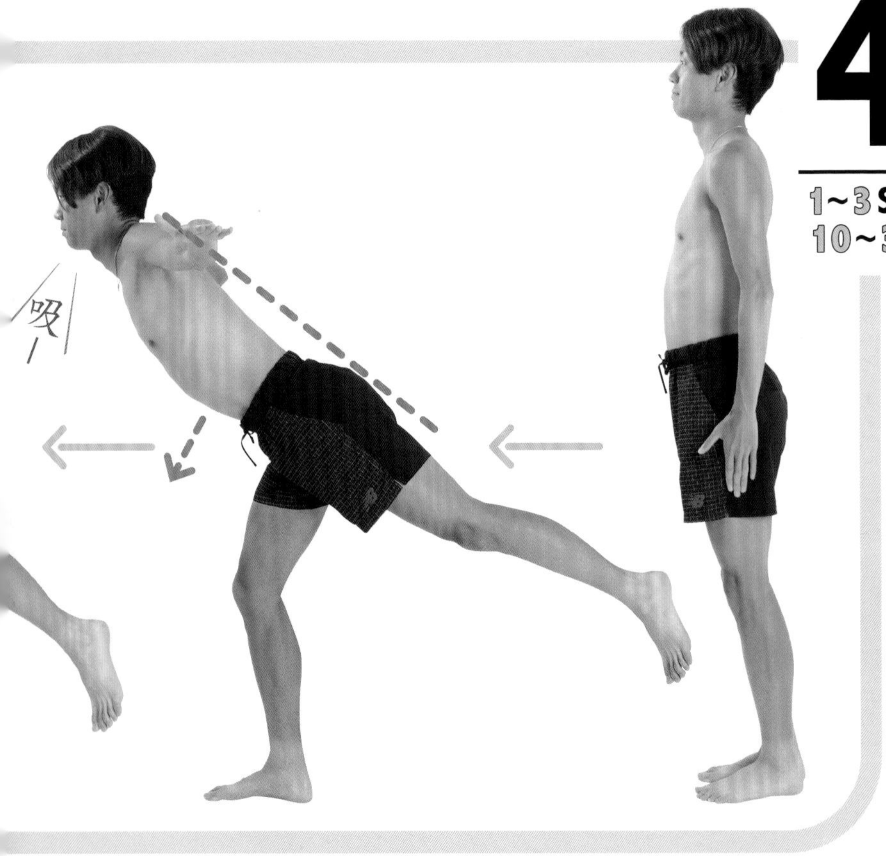

完成「Draw-in」、「四肢著地Draw-in」以及「跪姿Draw-in」後，最後便是進行「T字Draw-in」。這4個動作之中，最為困難但也最有效的訓練便是這個「T字Draw-in」。要學會這些動作就必須按順序一步一步進行。與前面幾個動作不同的是，在單腳站立而打亂平衡感的過程中，如何正確地進行Draw-in動作為其中的一大關鍵。

訓練之後不妨測量一下腰圍，作為是否成功達到縮腹之效的衡量基準。倘若腰帶繫上的孔往後縮減了1～2個孔，表示縮腹動作正確且有效。

Point

單腳站立，呈現出角度

抬起單腳並取得平衡時，全身呈現出某個角度會比較容易刺激到腹橫肌。

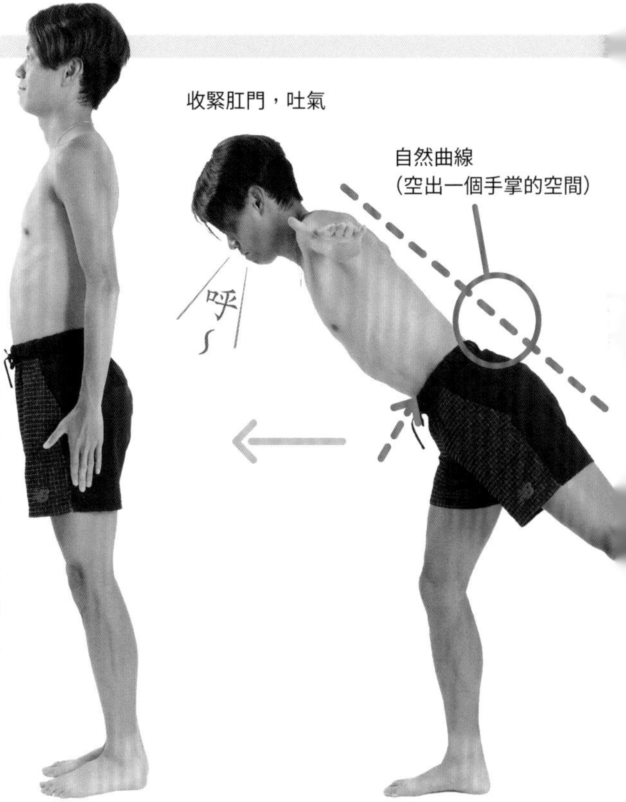

收緊肛門，讓腹部凹陷

展開雙臂，讓上半身往前傾，抬起單腳並且取得身體的平衡。挺起胸膛，背肌維持拉伸的狀態，緩慢地吐氣，同時從下腹部開始收緊肛門，一邊讓腹部逐漸凹陷下去。腹部凹陷之後，維持該狀態10～30秒。這期間仍持續淺淺呼吸。結束後，收攏雙臂，立起上身。進行此動作1～3次。

LESSON
2

先訂定目標與目的，再決定訓練方式

舉例來說，若要跑完全程馬拉松，跑者就必須做好相應的準備；若要參加大賽，則必須進行有計畫性的訓練，否則就會無法跑完全程，更別說是跑出好成績了。除此之外，若沒有確實累積訓練，就有可能會打亂自己的練習步調，還會因試圖發揮超出自身能力的力量而導致受傷。為了順利跑完42.195㎞，務必結合可說是所有跑步基礎的慢跑、長跑、間歇訓練（短跑與長跑等）、上坡訓練與越野跑等等的項目。最好先訂定目標與目的，再來執行與之相應的訓練方式。

馬拉松訓練的類型

- 長跑（長距離跑）
- 慢跑
- 間歇訓練
- 上坡訓練
- 越野跑

等等

長跑

**訂下 20 km、30 km、40 km等距離，
並以固定速度跑步的一種訓練**

以接近正賽的距離來維持信心

這種訓練不僅能鍛鍊持久力，還能透過跑出接近正式賽事的距離來維持信心，精神上的效果可期。

慢跑

對所有跑者而言最重要的練習。
占馬拉松練習的80%，為訓練之基礎

即使跑者不是立即投入實際的訓練，只要一點一點地延長跑步的距離，馬拉松的完賽時間也會逐漸縮減，所以首要之務是重視慢跑練習。跑步之前最好先訂定出每週跑步距離的目標等等。事實上，即便是頂尖的跑者選手，慢跑也占了訓練的80%。

我們應該以什麼樣的心態來面對慢跑呢？這將會關係到競賽的成績，因此這份「心態」至關重要。雖然一律被統稱為慢跑，但強度是一邊與人交談一邊緩慢跑步，亦或是以略微喘不上氣的速度跑步，還是會有所不同的。重要的是採取符合自己當下目的之慢跑方式，比如當身體累積疲勞時就稍微跑得慢一點，若是處於密集的訓練時期則可以稍微加快步伐、跑長一點的距離，並在結束前的最後一段路程再稍稍加快速度，關鍵就在於是否能像這樣因應目的下功夫。

此外，還應留意跑步的姿勢。雖然很難在進行嚴苛的練習時矯正姿勢，但在跑步時比較容易注意到自己的姿勢與節奏。而且，以比賽速度奔跑時與慢跑時的跑步姿勢最好盡可能維持一致，這方面跑者也務必經常檢視自身。

讓跑步成為一種習慣

間歇訓練

反覆在快跑中穿插輕緩的慢跑
作為休息（rest）的一種訓練

短距離間歇

以9～10成左右的速度快跑跑完400m後，再慢跑200m，如此反覆。有時則是會快跑500m、慢跑100m。這樣跑10～12次左右，分成3、4組來進行。有望改善VO2 MAX（最大攝氧量）或是速度持久力等跑步表現。透過改善肺功能，即可以有餘裕地跑完更長的距離。重要的是確實以設定好的速度跑到最後。

中距離間歇

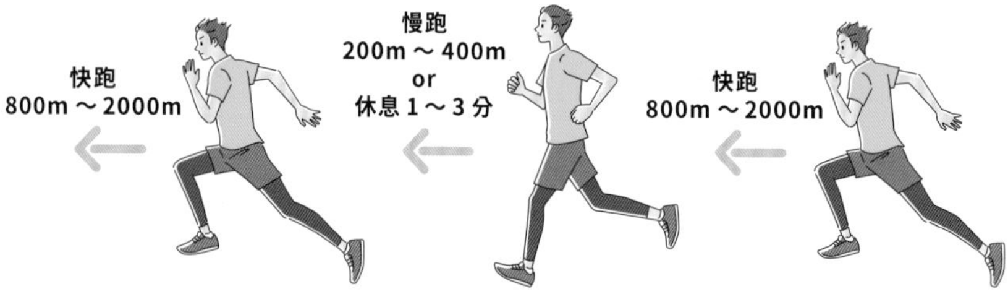

長距離間歇

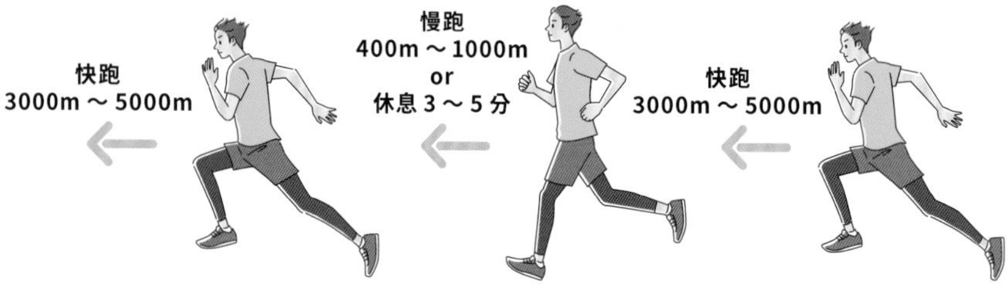

CelSource

善用賽事進行訓練

挑戰半程馬拉松等賽事
來確認訓練的成果

若要確認自己的訓練成果，在參加的主要賽事前先嘗試參加賽程較短的賽事等也是一個不錯的方式。這些跑步成果將有助於跑者預測在全程馬拉松時的跑步速度。此外，感受賽事氛圍肯定也對主要賽事有所助益。

TTK
神野　大地
富士通Japan

上坡訓練

利用坡道的坡度來進行衝刺

在有坡度的坡道一步一步向上跑也是我經常進行的一種訓練。跑坡道會比跑平地更需要強勁的踢力，因此會自然而然地運用到內側的肌肉（膕旁肌與臀大肌）並且施加刺激，從而強化肌力。此外，阿基里斯腱與足底筋膜等部位獲得強化之後，將有助於提高跑步的效率。

一旦試圖稍微加快跑步的速度，跑者便不可避免地會出現更多向前邁步的動作，但正因為坡道是傾斜的，比起邁步向前會更令人意識到緊接其後意圖著地的動作。這種訓練也很適合用來修正這類跑步姿勢的習慣，掌握在重心的正下方觸地之正確動作。

如果坡道較短（100m以內），意味著上坡跑時主要是強化肌力的練習；若是超過200m，則可以期待同時強化心肺功能與肌力的雙重效果。距離較短時，請以接近全速（約95%）來進行，中間須預留充分的恢復時間；距離超過200m時，則可用70～80%左右的速度來進行，中間的恢復時間則以慢跑或是步行來度過。若能隨著次數的增加逐步提高心肺的負荷，那更是再好不過的了。

越野跑

是一種戶外的跑步訓練，在森林、樹林或大型公園草地等未經鋪砌的道路或不平整的地面上跑步

經過鋪砌的道路通常會較為整潔，但越野跑是在不平整的地面上進行的，道路會有起有伏或是凹凸不平。在這樣的跑步路徑上練跑會比在平坦的道路上跑步更能刺激到肌肉，還有助於強化腿力以及軀幹。此外，即便以與往常無異的速度跑步，道路的起伏也會讓人更容易呼吸急促，從而強化心肺功能。最重要的是，路面會因木屑或泥土等而較為鬆軟，可以讓跑者比平常更加留心腳部的抓地力與踢腿動作，所以換到跑在平坦的路面上時就會覺得跑起來較為輕鬆。當然這種路面對腳部也是較為溫和，亦可降低受傷的風險。

肯亞與衣索比亞等非洲國家在這方面已展現出壓倒性的實力，它們目前已有無數的越野跑道，適合長跑訓練的環境十分完善，我覺得在這樣的地方跑步應該能刺激肌肉，有助於增強腿力與心肺功能。

LESSON 3

透過高強度獲得最大效果的TABATA訓練

TABATA訓練是最能有效提高最大攝氧量（VO2 MAX）的訓練計畫。是以高強度在短時間內間歇性進行的一種訓練，在訓練類型與動作等並沒有特別的規定。這種訓練是在20秒的短時間內進行高難度動作，提高心率並將其推至極限後，中間休息10秒，這樣的動作反覆進行8組，總共4分鐘。目前已證實這種訓練計畫可以改善心肺功能，據說無論是長跑等有氧運動能量，還是短跑或是中長跑等無氧運動能量皆頗具效果。

TABATA訓練的關鍵在於，透過8回合的動作，在20秒內以接近最大心率的程度不中斷地持續活動。雖然看似簡單，但要在20秒內全力活動身體比想像中還要嚴苛。然而，提高心率是這種訓練的一大重點，因此即便再艱難，實際進行訓練時仍要努力提高心率。不過正因為是相當吃力的訓練，每週只要進行1～2次便足以獲得預期的效果。最好是在可以透過練習專注督促自己的日子，將這種訓練加入訓練菜單。

EFFECT

TABATA 訓練的效果

實施高負荷的運動，藉此鍛鍊心肺功能，
從而提高持久力。

提高持久力

可以同時提高有氧能量以及無氧能量。藉此增加氧氣攝取量並且提高持久力。從而讓進行慢跑或是馬拉松的時間更持久。

作為運動強度的基準

活用最大心率作為運動強度的基準。
〈最大心率的計算方式〉
220 －年齡 ×0.9 ／每分鐘的心率

WORK OUT

TABATA 訓練的方式

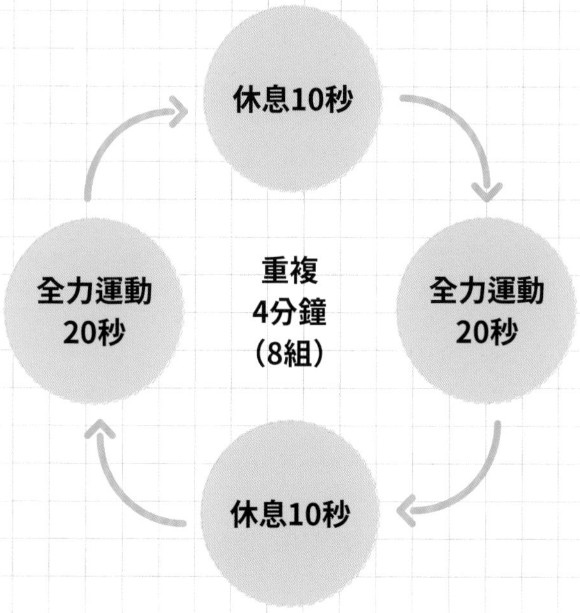

波比跳

留意避免身體幅度彈跳太大
或是背部蜷曲

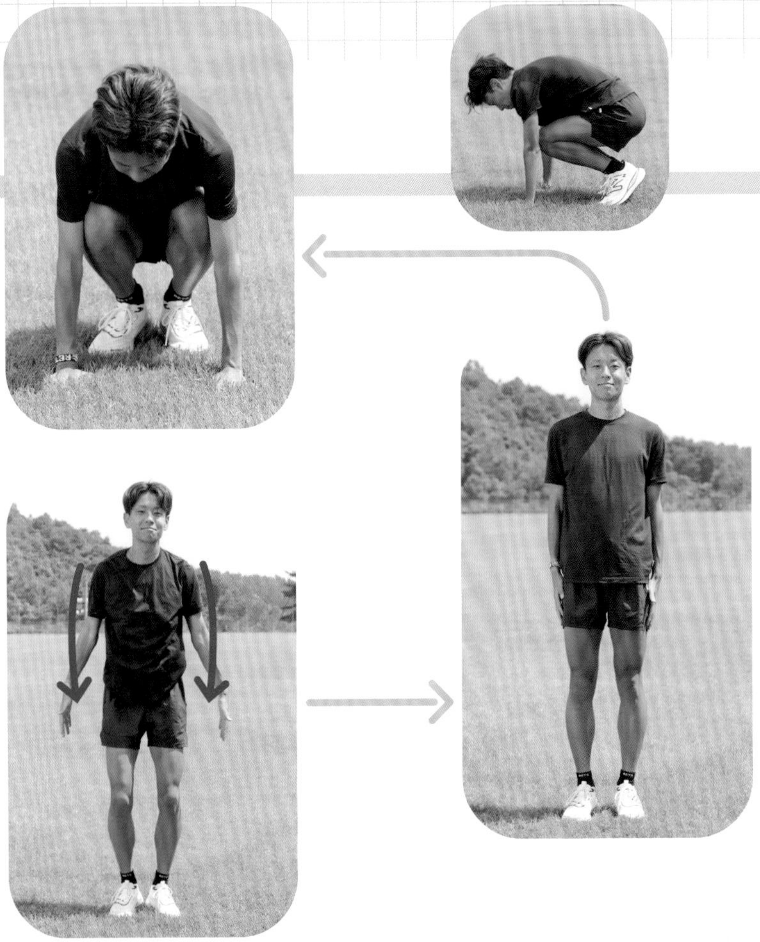

1

Point

留意腹肌與背肌，避免腰部抬起

進行時留意腹肌與背肌，避免腰部抬起，讓身體維持筆直。

從伏地挺身的姿勢跳起來

雙手撐在地面上，將雙腳往後踢，呈現出伏地挺身的姿勢，雙腳踢地、雙膝內收，再高舉著雙手跳起來，接著站直後回到最初的狀態。反覆這一系列的動作。

左右跳

留意避免身體幅度彈跳太大
或是背部蜷曲

2

將雙腳
往左右跳動

雙手撐在地面上，將雙腳往左斜後方貼地。接著雙腳往上蹬，跳起的同時也將雙腳往右斜後方移動，然後著地。已移動過的雙腳再次以同樣的方式一鼓作氣地跳起，往身體的左斜後方移動。反覆這一系列的動作。

全力抬腿

雖然看似簡單
但負荷較大

3

場地不限、在任何地方都能進行的「抬腿」是相當樸實無華的簡易運動菜單，不過只要持續維持正確的姿勢進行，便能確實對「大腿」施加負荷。在多次重複抬起腿、放下腿的過程之中，身體的姿勢會不知不覺地開始駝背而變形。做的時候最好目不斜視，留意避免往前傾。

腿部維持在大腿徹底抬起的高度

伸展背肌，在以左腳支撐身體的同時，抬起右腳。一邊吸氣一邊放下右腳，接著依照同樣的方式抬起左腳。有意識地將抬起的腿部維持在大腿的高度，進行時確保目光直視前方並且保持身體的姿勢。

COLUMN 2 Kamino Note

箱根驛傳「山神」誕生背後的祕辛

我從來沒想到自己竟然會出戰箱根驛傳的第5區。在進入大學就讀時，別說是擔任跑第5區的跑者了，我壓根沒想過要以此為目標。

即便我在二年級時跑過可謂是菁英區間的第2區，當時仍然未以第5區為目標。然而，在我升上三年級之後，宣示志在帶著團隊拿下箱根驛傳冠軍時，便開始稍微留意起第5區。在平地路段的第2區中要拉開1分鐘的差距其實並不容易，但若是在山區路段，轉眼間就能拉開這點差距了。要想奪冠，就不能錯過這個重要性高而且責任重大的賽程路段。

原晉教練在我三年級時，一直說那一年也要讓我跑第2區，我在練跑時便想著「第2區的最後有『戶塚之壁（交棒給第3區前的最後1km是有兩次升降的路段，因而有此通稱）』這道難關，所以我要好好練習爬坡才能穩穩度過這段賽程」，結果跑出比青學歷代前輩快上許多的成績，於是便選定由我來跑第5區。那時距離正式比賽剩下2個月。

我個人的跑步成績將會左右團隊是否能達成目標。進入12月之後，箱根驛傳賽前的一個月期間，我每天都會觀看前一年去程獲勝者衝過終點布條的畫面，持續做著「這次由我在箱根重現這個場景」的意象訓練。然後日復一日想著要在此次成為山神（第5區是標高差864m的爬坡路段，在此展現出壓倒性實力的選手會被冠上此稱號）而持續練習。

在我接過布條時還是第2名，與跑在前方的駒澤大學選手相差了45秒。正當我開始覺得吃力時，看到了跑在第1名的駒大選手身影，才終於得以確認自己跑得還不錯。於是我重新調整了狀態，再次加快了步伐。在較容易追上對手的情況下依自己的步調爬坡，這點對我有很大的影響。再加上天氣條件也很好。我想應該是綜合以上各種因素與時機，才讓我締造了這個區間的新紀錄。

Part.3

神野風格的跑步訣竅

長跑時，若要保持精力地跑到最後，開始跑步前應事先了解的資訊五花八門，比如姿勢、腳如何著地、呼吸方式、賽事計畫、水分補給與鞋子的選擇等，請務必將這些試著付諸實踐。

LESSON
1

以正確的跑步姿勢有效率地跑步

只要以正確的姿勢跑步，便不會對跑者的身體造成不必要的負擔，即可以更有效率地奔跑。然而，跑步依然是一種全身運動，對身體的負擔比較大，因此若是持續以錯誤的姿勢跑步，有時還會對跑者造成傷害。使用正確的跑步姿勢可以預防受傷，並且提高跑步的效果。此外，只要持續留意幾個要點，便能隨心駕馭基本的跑步姿勢，從而跑步能夠更有效率。

我在跑步課程中若是詢問學員什麼是正確的跑步姿勢，大多數的人都會回答「前傾」。實際上，伸展背肌並維持身體軸心的筆直而且重心不偏移才是最重要的，只要有意識地讓姿勢稍微前傾，體重的移動會更為順暢。其中的關鍵不僅限於背肌，只須立起骨盆，身體軸心也就會更為筆直。此外，跑步的人在長跑過程中，視線往往容易漸漸朝向下方，因此只須保持視線在一定的高度，背肌就會伸展並且維持住正確的姿勢。如果在頸部或是肩部用力的話，將會消耗體力而導致跑者感到疲勞。只要留意身體左右重心的平衡，應該就能以正確的姿勢跑步了。

正確的跑步姿勢

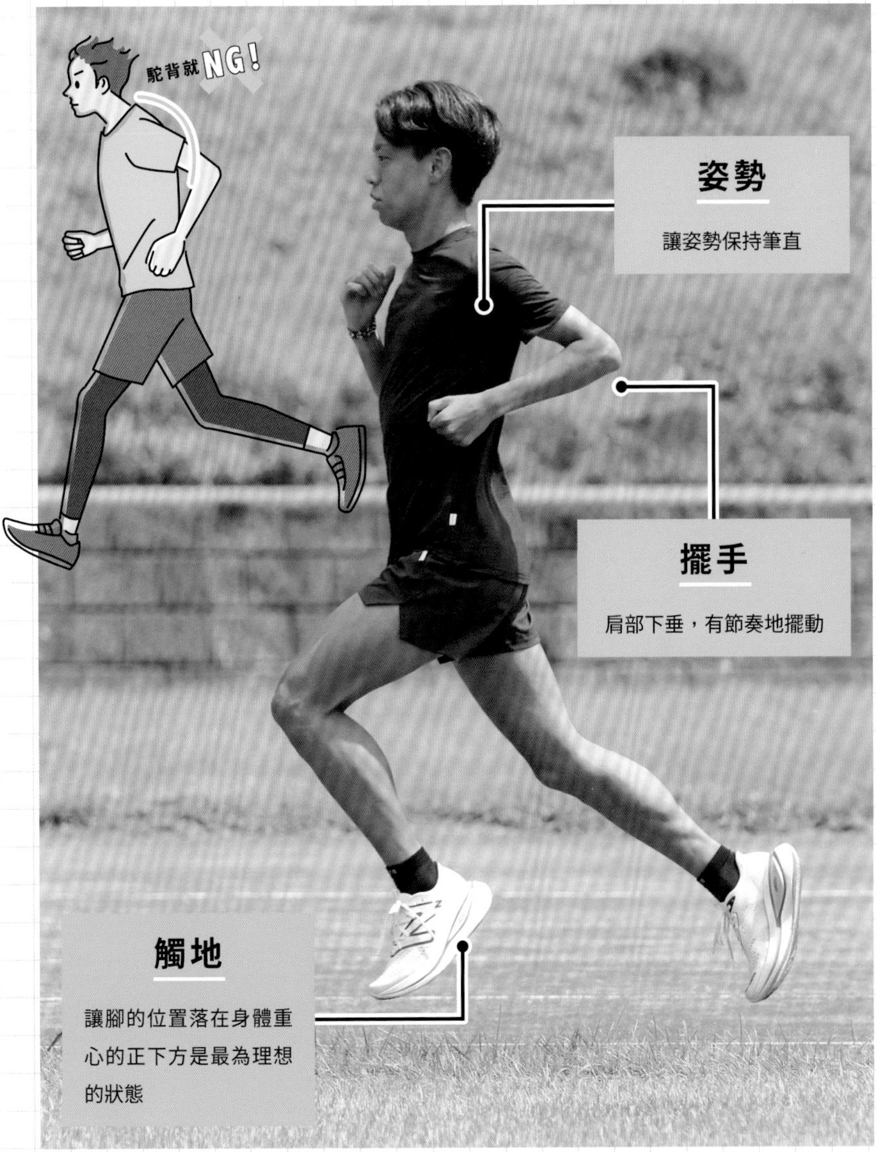
駝背就NG！
姿勢
讓姿勢保持筆直
擺手
肩部下垂，有節奏地擺動
觸地
讓腳的位置落在身體重心的正下方是最為理想的狀態

正確的姿勢

只要想像在身體中心處有個軸線，就能減少不必要的負荷，
從而能夠更有效率地跑步。

1

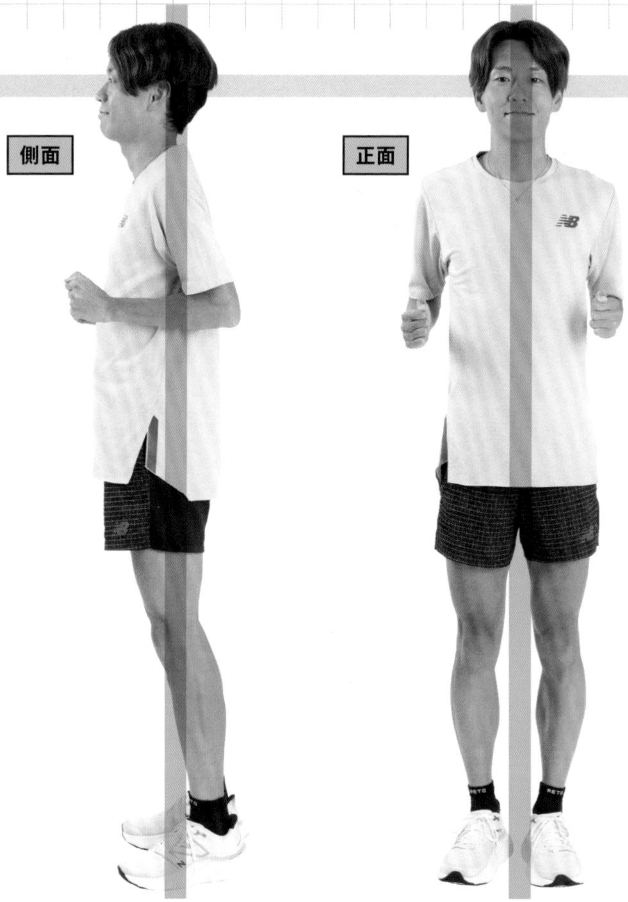

跑步時，有意識地採取彷彿像根竹籤串起頭部至腳尖般挺直的姿勢。只要以正確的姿勢跑步，便可流暢地移動雙腳並正確地著地，還可在踢地往上抬時，獲得與自身體重相當的力量，從而有效率地跑步。

這樣就NG！

讓腰部或腹部突出的姿勢會導致身體的重心往後傾。一旦上半身或是骨盆往後傾，便會像在跑步中踩剎車般導致效率變差，還會容易導致受傷。

太在意讓身體往前傾則是會導致駝背。當上半身大幅地擺動時，就會往前後或是左右晃動，也會對膝蓋或腰部造成很大的負擔。

擺手

擺動手臂以產生向前行進的推動力，
還能有助於減輕疲勞。

2

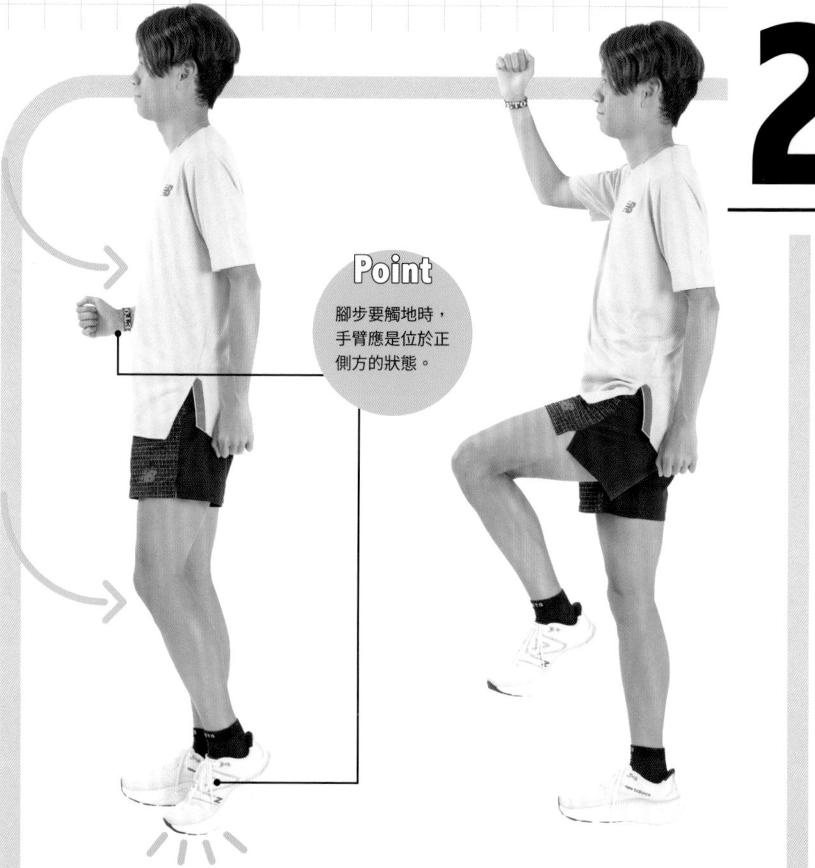

Point

腳步要觸地時，手臂應是位於正側方的狀態。

一般都說跑步時「確實擺動手臂至關重要」，不過只要右臂向前，左腳便會自然而然地踏出，可見腳部的動作與手臂的動作是連動的。說到跑步，人們往往會偏向把注意力放在腳部上面，但只要確實大幅度地擺動手臂，腳部便會自然而然地往前方邁出，從而產生更大的推動力。

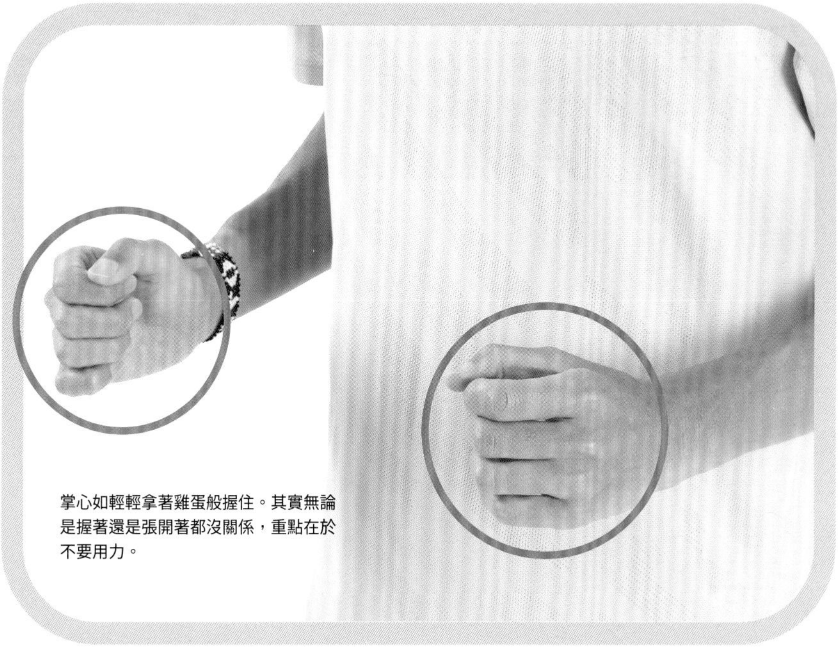

掌心如輕輕拿著雞蛋般握住。其實無論是握著還是張開著都沒關係，重點在於不要用力。

這樣就NG！

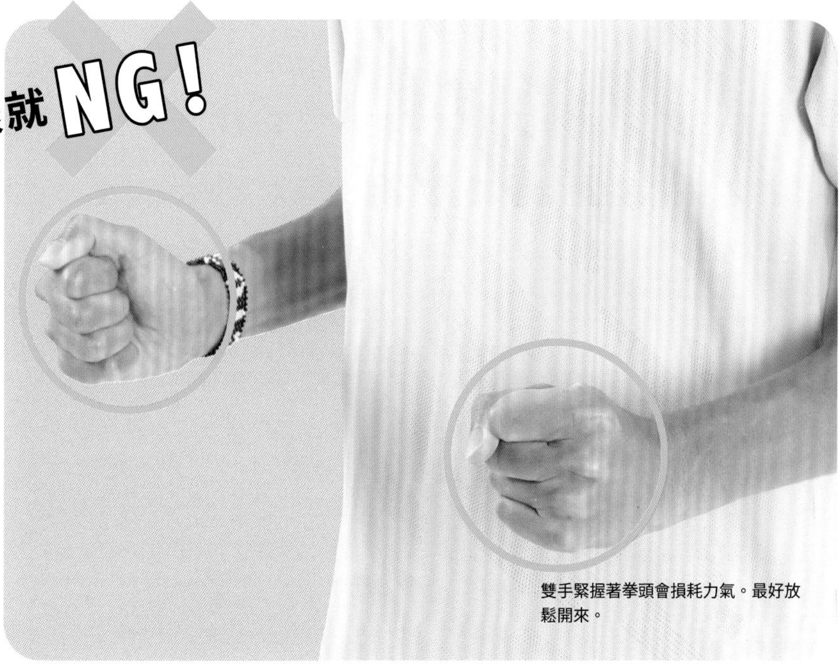

雙手緊握著拳頭會損耗力氣。最好放鬆開來。

觸地

讓腳的位置落在身體重心的正下方，
並且盡可能在短時間內踢出，就可以跑得更快。

3

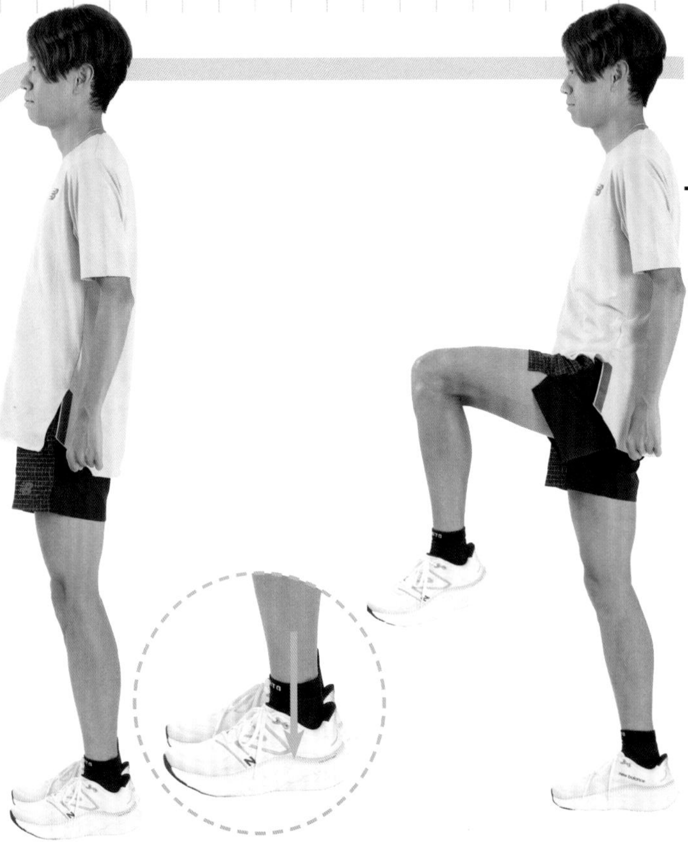

在跑步的過程中應該用腳掌的哪一個部分來著地比較好呢？這個問題曾經引發大眾的討論，不過尚且無法一概論定用哪一種說法為佳。有的說從腳尖著地的、有的說以腳跟著地，也有的說以整個腳底著地，請試著找出適合自己身體特性的著地方式。然而，還有一個重要的共通點，就是要留意讓那隻觸地的腳部位置落在身體重心的正下方。

觸地時間要短！

與地面接觸的時間愈短愈好。練習的方式是在原地快速地微幅跳動10秒，逐漸掌握住感覺。

著地後又立即垂直往上跳，同時確認身體的重心是否有偏移掉，這樣就可掌握其中的感覺。

這樣就NG！

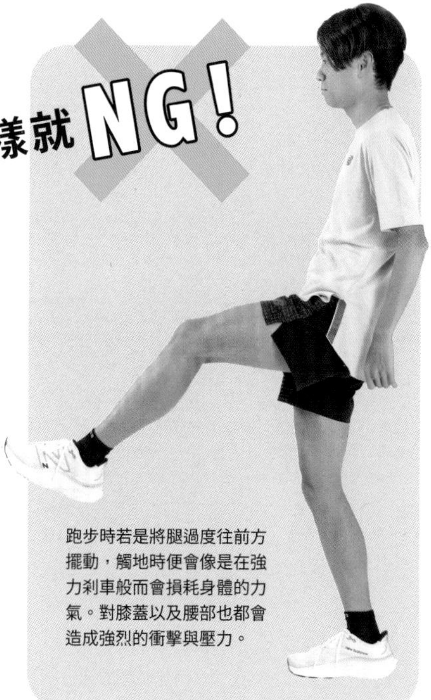

跑步時若是將腿過度往前方擺動，觸地時便會像是在強力剎車般而會損耗身體的力氣。對膝蓋以及腰部也都會造成強烈的衝擊與壓力。

上坡

有意識地讓姿勢微微前傾，步伐要小而細碎，控制好速度。
跑步時應留意軀幹的狀態以維持良好的平衡。

4

當在跑程中遇到上坡時，身體往往會更強烈地想要往前傾。如此一來跑者便會無法善用來自地面的反作用力而難以順暢地向前進。這時重要的是維持與在平地上跑步時一樣的姿勢，不要一味使勁地跑。

這樣就NG！

視線始終維持直視！

一旦視線往上方或是往下方移動，姿勢就會變成向前傾或向後傾，而無法善用來自地面的反作用力。即便是上坡，跑步時仍要直視著5～10m左右的前方。當人在開始感到跑得吃力時，下巴會不可避免地往上抬，但這樣會導致呼吸不順，最好格外留意。

跑者往往會在心中想著「不要浪費時間」或是「這裡要努力一點」而逞強，但是不適當地用力反而會扣分。跑步時請抱持著「步調放慢也無妨」的閒適心態。當漸漸感到吃力時，不要勉強雙腿更用力，而是將注意力轉移改放在擺手上，雙腿便會自然而然地往前邁進。

下坡

下坡時，往往會無意識地試圖以全身來剎車而導致身體後傾。
跑者應有意識地微微前傾，小而細碎地邁出步伐。

5

當跑步遇到下坡時，往往會不可避免地加快速度。但要是步伐太大會對身體造成負擔，到了下一個平坦的道路或上坡可能會因此而感到吃力，還可能引發膝蓋疼痛。下坡時身體會擅自剎車般地將重心往後移，姿勢容易變成後傾狀，因此請將重心稍微往前，並在著地時將上半身（的體重）穩穩地放在上面。

視線直視前方5～10m處
留意要避免將下巴抬起

讓身體軸心與坡道呈現垂直狀，與在平地上跑步時一樣，毫不畏懼地牢牢抓住來自地面的力量並且奔跑。

這樣就NG！

請避免把下巴抬起、上半身向後傾或是駝背而導致將視線看向腳下。這樣很容易讓身體踩剎車，對膝蓋與腰部也會造成負擔。

LESSON 2

有意識地吐氣，無意識地自然呼吸

雖然在日常生活中我們會無意識地呼吸，但在跑步時若是呼吸的方式錯誤，就會跑得很吃力或是氣喘吁吁。應該不少人曾經有過這樣的經驗吧？只要能採取正確的呼吸方式，便可以不疾不徐地跑完更長的距離或是跑出更快的速度等，讓跑步變得更有趣。

我們基本上是從鼻子吸氣，從嘴巴吐氣。只要透過呼吸帶出節奏，並依該節奏跑步就好了。我經常會被人問道：「是否採取『吸吸吐吐』的呼吸方式更好呢？」但呼吸本身就是個相當累人的動作。不僅限於吃力的時候，就連輕鬆的時候，光是採取「吸吸吐吐」的呼吸方式就會導致心率提高。最好是只在必要時呼吸需要的量為佳。

首先，請試著在跑步時將注意力放在吐氣上，然後將呼吸的節奏保持恆定。我認為「吸吸吐吐」的呼吸方式會導致反覆過度呼吸，因此無須從開跑的最初階段就這麼做。請跑者多方嘗試，找到適合自己的呼吸方式。

呼吸節奏保持恆定

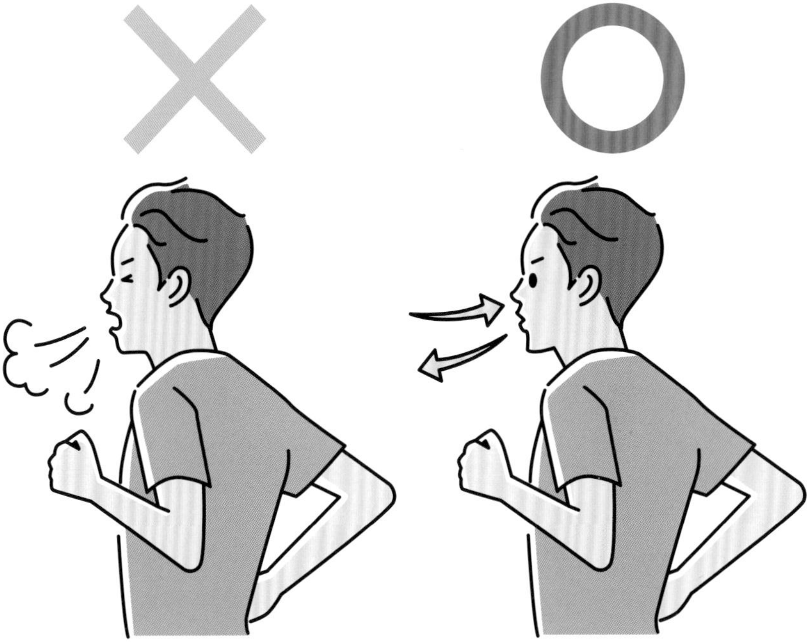

從鼻子吸氣，從嘴巴吐氣

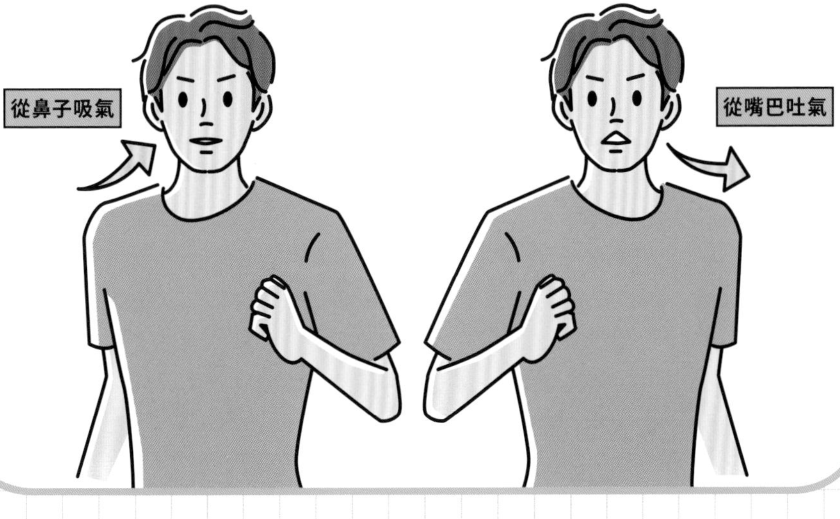

LESSON 3

正賽中的注意事項（配速）

有助於接近實現目標的後段加速

如果是菁英跑者，有時候會為了跟上比賽的步調而努力強迫自己跟上配速員的設定速度；不過市民跑者的話，應該自己都各自明確設定了想達成的目標時間。若要達成這個時間，最重要的是以適當的速度來進行賽事。

原本的規劃是以5分鐘跑1 km的速度，卻沉浸在賽事氛圍裡而亢奮起來，結果以4分45秒的速度奔跑，後面明明還有40 km以上的賽程，卻覺得「奇怪？感覺突然變得吃力起來了」，應該有些人也有過上述這樣的經驗吧？這完全是配速上的失誤。

若要輕鬆刷新個人最佳成績或是達成目標時間，關鍵在於先以自己設定好的目標時間之一半跑完半程。事實上，練習得愈多就會愈想達成目標，卻不小心興奮過頭，這樣的人其實不在少數。然而，他們並未練習過以超出自我訓練時的更快速度來跑完42 km，因此到了後半段的賽程速度就會慢下來，最終就是未能跑出真正想要達成的時間。這就是為什麼我希望大家跑步時應該留意避免跑得過快。只要以適當的配速跑步，肯定能跑完全程的。

在路程漫長的全程馬拉松中，許多跑者會試圖在精力充沛的前半段賽程中節省時間，結果往往到了後半段的賽程就會失速。所謂的「後段加速」是多少能夠解決這個問題的跑步方式。

我在目前由自己所帶領的跑步俱樂部中，都會告訴已經刷新去年個人最佳成績的跑者：「在前半的賽程請務必控制好速度，請避免跑得過快」，而那些衝過終點並且達標的人都是採取「後段加速」的跑者。反之，那些未遵循建議而於前半段賽程試圖節省2、3分鐘的跑者，則是都未能達成目標。

如果想要達成目標的話，建議採取「後段加速」的方式。

LESSON
4

正賽中的注意事項（開跑前～終點）

在賽事最初階段檢視身體狀況並隨機應變，最後階段則自我激勵以提高動力

全程馬拉松的賽程總長為42.195km，非常漫長，因此請以熱身程度的感覺來面對一開始的5km。在賽事的最初階段跑者會成群聚集在一塊，如果試圖奮力穿過其中，一不小心就會消耗掉大量的體力。最好先檢視自己的身體狀態如何，比方說腳會不會痛？身體是否有感到不適？等等的狀況。接著在5km之後漸漸就能找到自己的位置。大約從這段路程之後開始，與自己設定的目標時間相近或是相同的跑者便會逐漸形成一個集團。這個時候會漸漸看出同集團中「這個人好像滿能跑的」、「這個人在逞強著」等情況，因此就能判斷出「尾隨這個人看看」或是「保持在這個人後方的位置」，還可以檢視是否已針對自己的目標時間跑出穩定的步調。此外，也請各位從5km左右開始，找到一個能輕鬆跑步的集團位置。

之後便可以一個勁地跑出如練習般的樣子並且留意維持自己的步調。等賽程過了30km後，終於進入最後剩下的10km，請對自己說些能夠激發出鬥志的話語。雖然說來有點老套，但可以跟自己信心喊話一下「我做得到！」、「絕對能達成！」等等。

像是在賽事結束前都忍著不喝酒的人，就可以在此時對自己說「再多加把勁就可以喝啤酒

啦！」想想這些能夠讓自己情緒高昂的事情也不錯。我有個朋友就是個超愛吃壽司的跑者選手，他在35㎞之後便是邊跑邊想著完賽之後要去吃壽司。為了榨出最後的力氣，想辦法好好提高自己的動力吧！

© 激坂最速王決定戰 2021

LESSON 5

水分補給對跑步所造成的影響，應在對的時間點適量攝取

若持續處於流汗而使得體內水分減少的狀態，可能會導致跑者的表現不佳、中暑、頭痛或是頭暈等脫水症狀。為了預防體內水分不足所引發的問題，勤於補充水分至關重要。尤其是在賽事的前後，跑者必須有意識地補充水分。

在此希望大家留意的是，不僅限於賽事當天，連在日常生活中都要記得補充水分。我也會盡量在感到口渴之前就補充水分，包括味噌湯等從飲食中攝取的水分在內，每天會飲用3ℓ左右的水分。尤其是在開始跑步之前，建議先花1小時左右喝完一瓶500㎖的瓶裝水。

在長時間跑步或是大量出汗的情況下，攝取運動飲料以及電解質液（ORS）也很有效。然而，若要參加賽事，跑者則通常從開跑前的4小時左右便會開始活動，所以最好花些時間在賽前頻繁攝取1ℓ左右的水，而非一口氣飲盡。此外，賽事當天所攝取的東西都要事先試用過，避免在賽事當中突然嘗試新的東西。

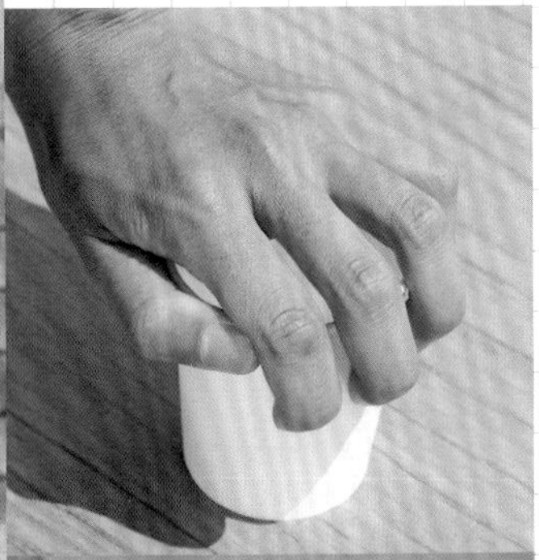

如何在補水站順利拿取杯子並飲用

在馬拉松的電視轉播中經常會看到跑者補水的畫面。因為是在賽事途中，跑者不能停下腳步在補水站悠閒喝水。順利地拿取起杯子的訣竅在於用手從上方蓋住再拿起，盡可能避免讓杯中的水溢出。然後在喝水時折一下杯口，讓尖端處如壺嘴般貼著嘴以方便飲用。

練習後的營養補給也很重要

在練習完或是賽事之後，必須快速且確實地補充身體流失的營養。攝取足夠的醣類（碳水化合物）至關重要，我自己的話通常會選擇吃飯糰或是攝取能量膠。

LESSON 6

尋覓「一雙」適合自己的鞋子——跑鞋的挑選方式

要想提高成績，穿著的鞋子與服裝也是其中的重要因素之一。當然，對於跑者而言，鞋子的性能是的確會實際影響到跑步表現的重要因素，為了跑出好成績，選擇適合自己的腳而且符合目的之鞋子是不可或缺的。

然而，我在為市民跑者提供建議時，會先說些「穿上這雙鞋或許能跑得更快」或「穿這雙鞋感覺很酷」之類的話，會說這些話是希望大家重視一雙跑鞋會是如何的鼓舞人心。因為穿著喜歡的產品來練習或出賽，會比較能提高跑者的動力。不過在實際試穿之後，有時候會發現鞋子與自己的腳寬不合，或是覺得鞋子腳背部分的材質不適合自己。在網路等非實體通路處購買時，最好只選擇自己曾經買過的鞋子。舉例來說，即便都是長度25㎝的鞋子，尺寸也有可能因為製造商的不同而略有差異。基本上，最好是在運動用品專賣店等實體店面處多試穿幾雙自己喜歡的鞋子，再從中挑選符合自身條件且合腳的產品。

挑選鞋子的重點

重要的是掌握自己的腳型與跑步方式，試穿之後再挑選出符合目的與水平的鞋子。

1

選擇穩定性高的產品

功能性與緩衝性等會因鞋子的種類以及製造商而大不相同。選擇能在跑步的過程中防止左右偏移以穩定足部軸心的產品為佳。

選擇合腳的產品

不合腳的鞋子有時候會對腳部造成負擔。尺寸太大或是太小都不行，因此首要之務是先了解自己腳掌的正確尺寸，再來挑選合適的尺碼。若選擇腳尖處沒有空間的鞋子，在跑步的過程中可能會讓人感到鞋子變得很緊。留些空間讓腳趾能舒適活動會比較好。還要檢查足弓支撐處是否與腳掌心吻合。腳跟是否能確實收納於腳跟鞋墊內也很關鍵。

抓地力高

只要抓地力高，腳尖便可抓住地面，加強踢出的力道，從而轉化為前進的動力。

著地時的高減震功能

鞋底若具有優異的緩衝以及回彈功能，可減輕著地時的衝擊對腳底、膝蓋、腰部與關節等處的負擔，也可以避免產生扭傷等的傷害。根據鞋底材質的不同，可將著地時的制動力轉化為前進的推動力，維持跑步的穩定性。

Point

建議採用輕量款，但減震功能很重要

有些鞋子是專為在賽事中追求高名次的高段位跑者所設計，保留了最低限度的功能並且將減震功能簡化至所需的最低限度。鞋底與鞋口等處的厚度會有所不同，但這點尤其是會對新手帶來隱患，跑者可能會大受地面反作用力的影響，還有可能在長跑時引發問題或累積疲勞。
請根據自身的跑步階段變換鞋子。

正確的穿鞋方式

選擇好合腳的鞋子後，接下來便是如何穿鞋。
正確穿鞋也有助於減輕腳部負擔並預防受傷。

2

穿鞋方法

用腳跟輕輕敲擊地面

在穿鞋之前要先鬆開鞋帶。腳套進鞋子後，用腳跟輕輕敲擊地面，確認腳跟確實有好好收納於腳跟鞋墊內。趾尖處請多留0.5㎝。只要在腳尖處留有適當的空間，趾甲便不會碰撞到鞋子前端，也不必擔心腳會在鞋子裡滑動。可以避免磨破腳或是長水泡的風險。

鞋帶的繫法

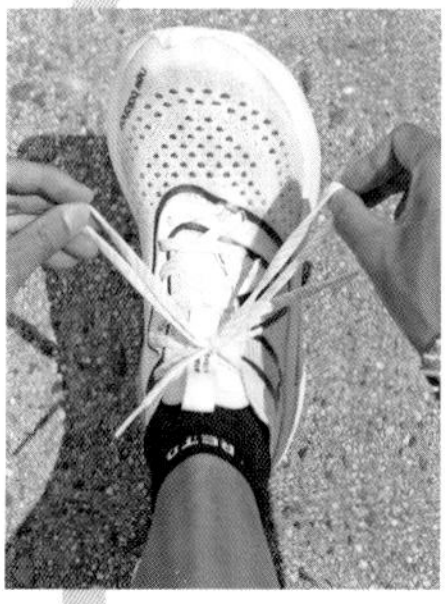

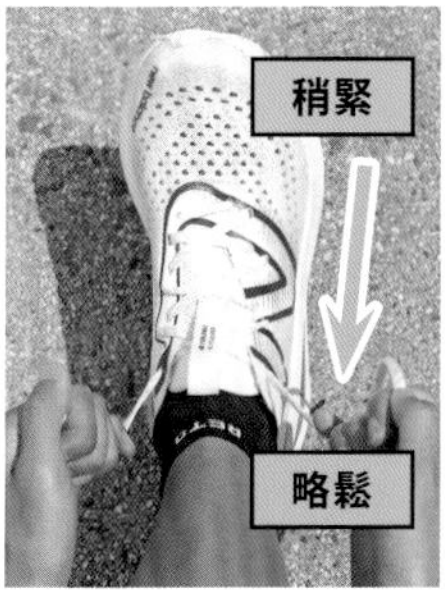

靠腳尖一側的鞋帶要繫得稍微緊一些，再往自己近身側前一點一點地放鬆。要留意避免過度壓迫腳背。要呈現出打結處是最鬆的狀態。

鞋帶是打成蝴蝶結。此做法並無不妥，但是在賽事中有時候會被別人踩到或是有突發意外，因此請盡可能再打一個活結。

Point

- 鞋帶鬆緊也有可能造成腱鞘炎等，因此鞋帶也不要打得太緊。
- 鞋內若有空隙，會摩擦而產生水泡或是磨破腳，趾甲還有可能會碰撞鞋子前端，因內出血而變黑。最好也要留心避免鞋帶過鬆。

鞋子之外的物品

挑選跑步專用的襪子與服裝，並介紹太陽眼鏡、手錶等有助於舒適跑步的方便物品。

3

RETO 的襪子

襪子

透氣性與止滑的功能完善

有很多市面上的產品不僅透氣性佳，還具備支撐腳掌心以及止滑等各種功能，也有不少田徑選手會穿上有止滑功能的襪子。每個跑者的喜好似乎大相逕庭，像是「無論如何都覺得到腳踝處的長度最好」，或是偏愛「兩趾襪」抑或「五趾襪」等等，各有各的堅持。

連襪子都有極致的追求

自從發生過在比賽最後階段，因被襪子上的顆粒狀突起摩擦導致腳底疼痛不已的經歷後，我便習慣穿獨家研發出的產品。現在所穿的「RETO」牌襪子是與田徑競賽專用功能襪「IDATEN」合作推出的產品。設計成中等長度，防止跑者在穿厚底鞋等時候襪子對阿基里斯腱周遭的摩擦，可以期待預防疲勞與受傷的效果。當然我所使用的襪子都是具備腳底止滑與足弓支撐功能等所有必備要素的產品。

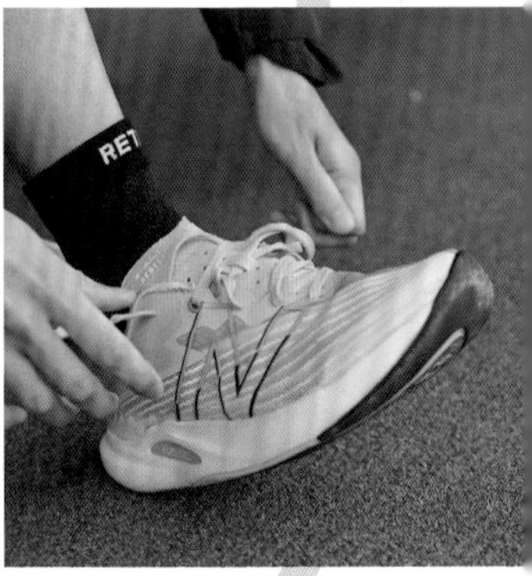

服裝

令人情緒高昂的服裝

我本身對服裝並沒有特別講究，不過在跑步時最大的前提是，要穿著方便跑者活動的服裝。吸汗性與速乾性出色與否是會大大左右舒適度。重要的是選擇「穿起來令人情緒高昂！」的產品！

帽子

消暑措施&提高專注力

帽子不僅可作為消暑的措施，還可以遮蔽周遭投來的目光，減少進入跑者視野內的視覺訊息，進而大幅提高專注力。戴帽子的跑者正逐年增加。希望大家留意的是，一直戴著帽子會讓熱氣聚集而變得悶熱，因此在途中摘下帽子通通風也很重要。如果賽事是在相當炎熱的日子舉辦，只要在帽子與頭部之間放些冰塊，亦會發揮調節體溫的作用。

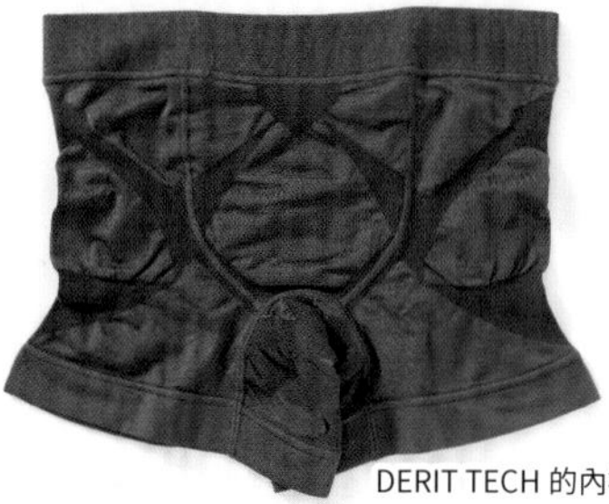

DERIT TECH 的內褲

內褲

改善姿勢

穿在衣服內的內衣商品之中，有些產品比較容易摩擦胯部。我最近愛用的一款商品是能夠藉由立起骨盆來改善姿勢，讓雙腿可以順暢地向前邁進。

太陽眼鏡

Oakley 的太陽眼鏡

讓眼睛疲勞降至最低

當陽光強烈時自然不在話下，即便是沒什麼陽光的時候，有些人大多還是會戴上太陽眼鏡。這不單純只是保護眼睛免於強光照射，亦可確保視野清晰，最重要的是可以隔絕紫外線以保護眼睛，將疲勞降至最低。馬拉松或是長時間跑步都會導致肉體極度疲勞，因此我認為太陽眼鏡在避免眼睛遭受不必要的疲勞方面，發揮著很大的作用。

手錶

利用多樣的功能，專注於訓練

手錶經常會在戶外使用，因此防水的功能必不可少。我習慣使用跑步專用錶，它在跑步過程中不太會讓人覺得礙事、可以測出往返時間、因為附GPS而可輕鬆測量出距離。我所使用的Garmin手錶還能測量心率等數值，因此不僅限於跑步時，在健康管理方面也能派上用場。

Garmin 的手錶

Part.4

練習以外的應做事項

對跑者而言，
營養規劃及適當睡眠與練習同等重要。
不僅要形塑跑者的身體，
最好也重新審視訓練後的冰敷、
消除疲勞所需的營養、飲食與睡眠。

LESSON
1

飲食也是練習的一環，採納三餐均衡的菜單

對於跑者而言，飲食與練習同樣至關重要。即便有確實做好身體護理，但如果沒有好好攝取飲食，依然是無法消除疲勞的。我如果沒有接觸田徑練習的話，自己也是於屬於不講究飲食的那種人，不過因為良好的飲食會關乎到練習的成效與品質，所以我將吃東西也視為練習的一環而注重飲食攝取。

我時刻留意著無論如何都要確實一日吃三餐。運動員往往會比較注重攝取蛋白質，但我則是更加關心會轉化為能量的醣類與碳水化合物的攝取量。尤其是在進行長跑或是嚴苛訓練這類高負荷的鍛鍊時，會需要消耗大量的能量，因此事先在身體之中儲存能量是非常重要的。我習慣在練習結束後就立刻攝取胺基酸。雖然自己經常會被問到「你有在喝高蛋白嗎？」但是這類產品會讓腹部很有飽足感，我擔心喝了之後就會吃不下東西，所以不太會去喝高蛋白。我會在練習後的2個小時之內進食。大學時期與出社會之後我是住在宿舍中，所以住處有提供伙食，現在則是請營養師為我規劃營養均衡的菜單，然後每天自己做飯。

配合米飯的量
準備配菜

我是屬於早上不太吃東西的那一派，但是在中午與晚上會盡量好好吃午餐跟晚餐。我希望確實攝取米飯，所以會依自己想要吃的飯量來準備配菜。當然一定要配味噌湯，因為溫熱的食物對感到疲勞的內臟會較為溫和，還可以同時攝取到鹽分與水分，亦有助於預防脫水症狀。除此之外，我很堅持每天都要吃一盒的納豆與優格。當無法攝取到水果時，有時候會以柳橙汁等來代替。

LESSON 2

夏天也要泡熱水澡以克服暑熱，將對身體造成的負擔降至最低

在夏天或是天氣炎熱的日子，跑步對身體造成的負擔也會比較大，必須降低訓練的強度、確保充足的休息與水分補給，盡全力留意避免造成中暑以及脫水症狀等狀況發生。

泡澡便是我相當注重的其中一個對策。應該有很多人在天氣炎熱時是不會泡澡的，不過在夏天泡熱水澡其實可以改善血液循環並且放鬆身體。還能夠提升睡眠品質並促進食慾。除此之外，泡澡也會讓人自然而然地想到要去攝取足夠的水分。

再者，雖然只是我個人的理論，但我是認為開冷氣比較好的那一派。以前有些人會強迫自己要忍著不開冷氣，不過我覺得這一類的選手在夏季練習時似乎比較常脫隊。

有些人認為這樣會對身體不好而不開冷氣，但是在大量出汗的情況下，有時會令人陷入脫水狀態。更甚者，某些人的睡眠品質也會跟著下降而形成惡性循環。當然每個人的體質各異，所以無法一概而論，但與其有意識地去採取特別的行動，更重要的是不要胡來，無須勉強自己不開冷氣或是電風扇。

「調整」疲勞的身體，有助跑步的冷熱交替浴

熱

在42～43°C的浴缸之中浸泡
1分鐘左右

冷

以冷水（18°C左右）淋浴約
30秒後，再度進入熱水浴缸
中浸泡1分鐘左右

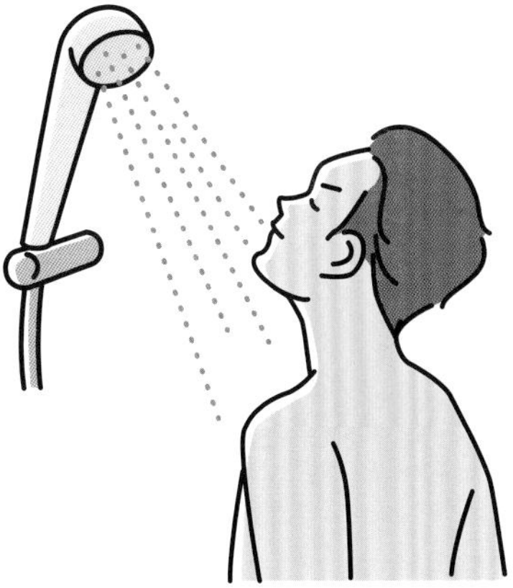

不妨透過冷熱交替浴讓身心都暢快一下。我每天都一定會進行交替浴。在集訓的時候，通常會備有溫水浴池與冷水浴池，我便加以利用來進行交替浴；在自己家裡則以冷水淋浴充當「冷水浴」。「熱」與「冷」的時間分配比例為2：1。反覆5～10組就能夠有效消除疲勞。此外，如果是女性的話，這樣做還可以改善血液循環，從而改善或是預防浮腫。

LESSON
3

冷熱交替沐浴加快消除跑步疲勞，讓身心都煥然一新

透過42～43℃左右的熱水與15～20℃左右的冷水交替浸泡的冷熱交替浴，可獲得以下2個好處：一是促進血液循環，如此有助於消除身體裡堆積的老廢物質與疲勞物質，提高身體的恢復力；此外，冷熱交替浴可以交替刺激副交感神經與交感神經，被打亂的自律神經從而藉此調整平衡，讓身心都感到為之一振。

我幾乎每天都會泡冷熱交替浴，而且大多數是會在練習之後進行。集訓時，很多設施都會附有冷水池，因此既可以泡熱水澡亦可以泡冷水澡；在自己家裡的話，則會以淋浴來代替冷水澡。如果是一般民眾，如果能利用溫泉設施等處，活用冷水池也是個不錯的方式。

冷熱交替浴的浸泡時間一般以2：1的比例為佳，比如在溫水池泡1分鐘，用冷水淋浴30秒，據說這樣反覆5～10組，就可以消除疲勞。

然而，為了避免溫度驟變所帶來的風險，感到不適的話絕對不要勉強自己＊。

＊患有心臟疾病的人不可採用此法。若要進行則先諮詢主治醫師。

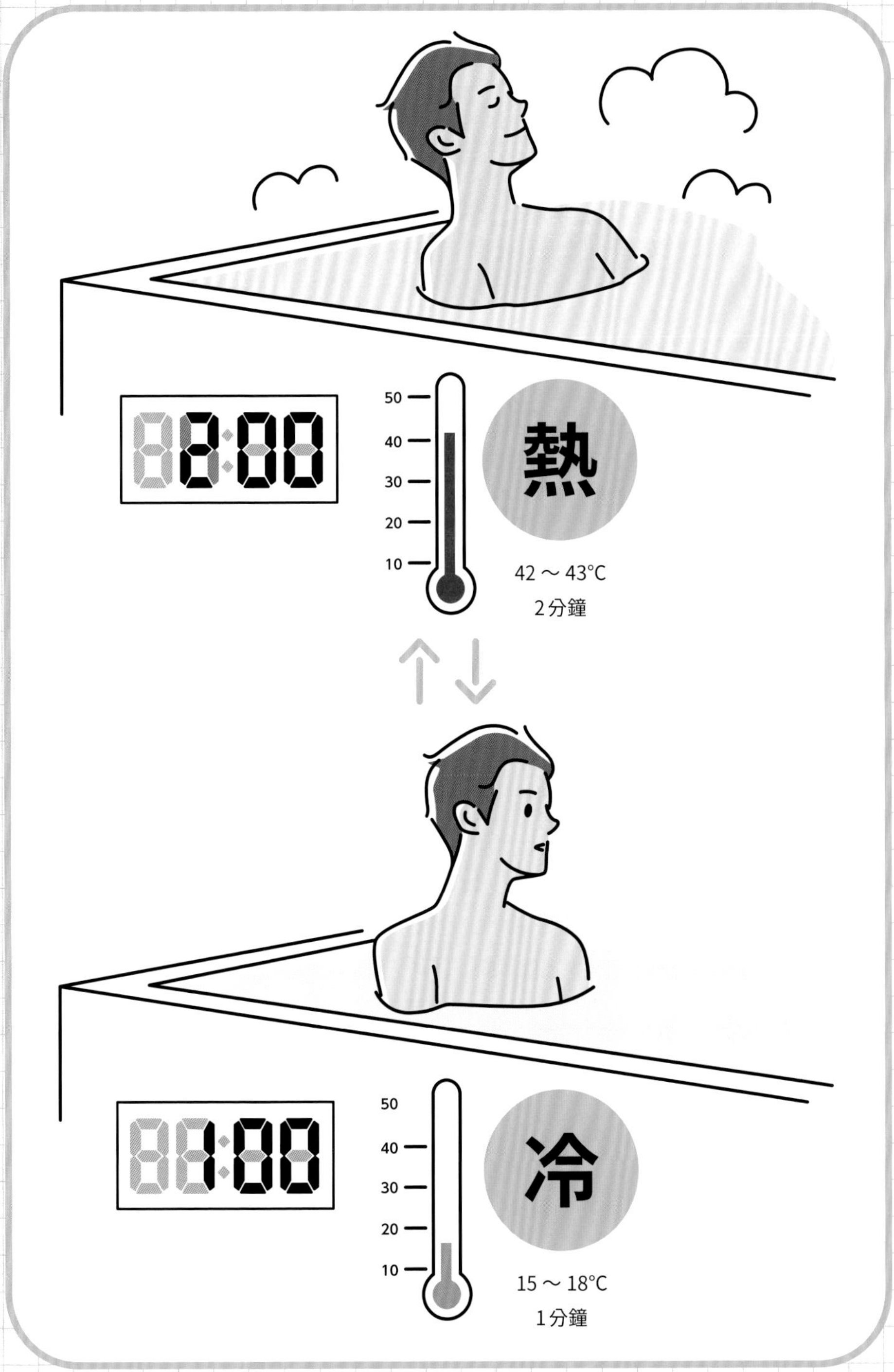

2:00
50
40
30
20
10
熱
42 ～ 43°C
2分鐘
1:00
50
40
30
20
10
冷
15 ～ 18°C
1分鐘

LESSON 4

用有效消除疲勞的「睡眠開關」，睡得舒爽達到良好睡眠

品質良好的休養是提高跑步表現不可或缺的要素之一。疲勞的累積程度會與訓練難度的提高成正比，如果在疲勞還尚未能消除前就進行下一次的訓練，就有可能會讓跑者受傷或是造成身體狀況不佳等等。不僅限於身體上的，連頭部（腦部）也會疲勞。

因此「睡眠」至關重要。據說人體會在睡眠中消除疲勞，並且修復因為訓練等所受到的損傷。正因為如此，跑者也務必要重視睡眠的品質。每日確保要有平均7～8小時的睡眠時間是最為理想的。即便平常做不到，至少預計參加賽事的那一週，要有意識地增加睡眠時間，身體的狀態應該會有很大的變化。也務必提高睡眠的品質。

其實只需要在自己體內設置幾個「睡眠開關」即可。以我自己的狀況為例，就是穿上睡衣並且在睡前喝白開水，如此便會自然地進入睡眠的狀態。除此之外，除了晚上睡覺之外，我都盡量不進入臥室，要讓腦部記住「這裡是睡覺的地方」。這對切換成睡眠模式是相當關鍵的一點。

自主鬆動術

在不勉強自己的情況下反覆活動身體關節，藉此改善可動範圍並且緩解身體肌肉的緊繃。在睡前進行就可以放鬆身體，有助於提高睡眠的品質。在檢視自己的身體狀態後，請實踐這3個動作來放鬆。

STEP 1

將腳側倒

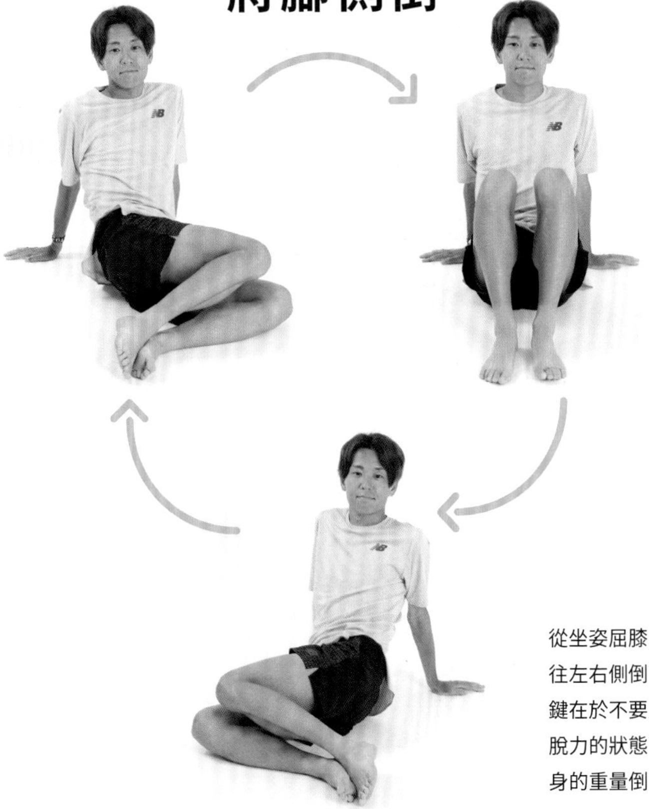

從坐姿屈膝的狀態將腳部往左右側倒下。這裡的關鍵在於不要用力，而是在脫力的狀態下憑藉腳部本身的重量倒下。

STEP 2

以單腳進行

坐著並且將單腳往前方伸展，再將另一隻腳彎曲到自己的身前。向左右側活動整個腳踝。關鍵在於動的時候要想像著是由旁人協助如搓揉般緩慢地活動，會比意識集中在由自身動作得好。

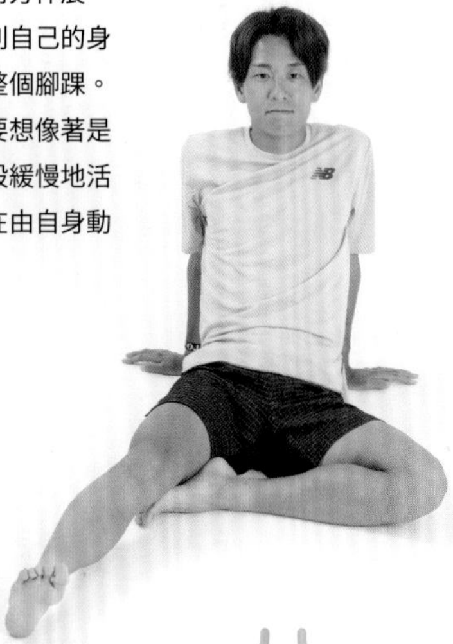

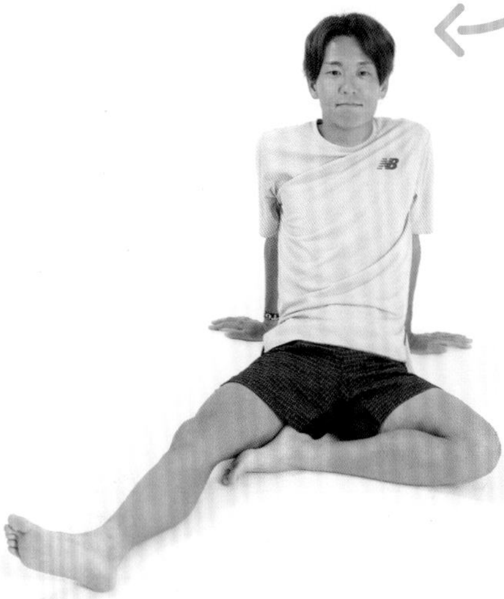

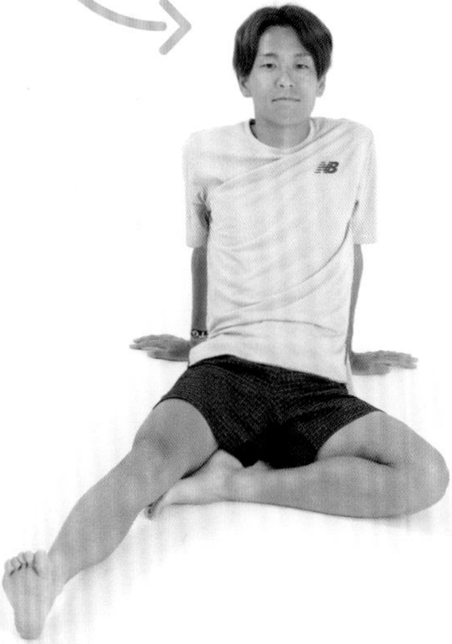

STEP 3

以雙腳進行

將雙腳往前方伸展，向左右兩側活動整個腳踝。這個動作也想像著是由他人從旁協助搓揉般緩慢地活動。

LESSON 5

跑步後的護理至關重要，透過冰敷促進肌肉的恢復

如果跑步結束後出現肌肉痠痛，表示該處已經有發炎或是內出血的狀況。為了盡快消除肌肉與身體的疲勞，最好積極地進行冰敷以緩解肌肉的發炎症狀。

冰敷對消除肌肉的發炎症狀與疲勞皆頗具效果，讓肌肉降溫即可以抑制新陳代謝以及肌肉活動。即便沒有出現疼痛感，跑步時仍然會過度使用到大腿、小腿肚、腳踝與膝蓋等處，因此要集中進行冰敷會比較好。

跑步過後如果沒有做任何護理，身體修復的速度可能會變慢，甚至隔天跑者會因為疼痛而無法跑步。

冰敷的方式很簡單，只需要利用冰塊讓覺得疲勞或是緊繃的部位降溫。據說進行20分鐘左右是最有效的。要是冰敷過度，有時候還會因寒冷而感到麻痺，導致血液循環受阻反而更加惡化，這點須格外留意。除此之外，做完一次冰敷後，至少要間隔2個小時左右，即便疼痛劇烈，一天最多也只能進行3組*。

*出現寒冷性蕁麻疹或患有心臟疾病的人不可採用此法。若要進行則先諮詢主治醫師。

冰敷用品

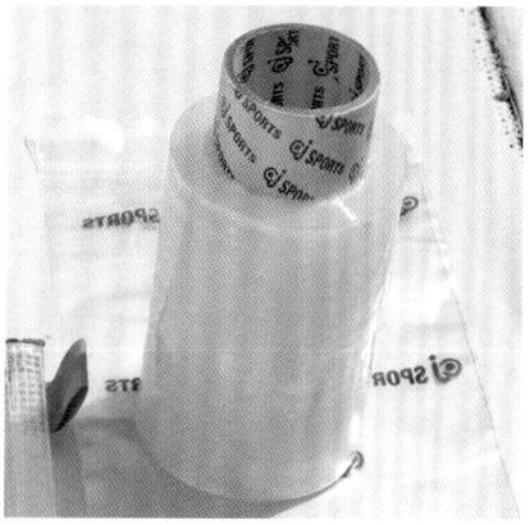

冰敷用膠帶

用來纏繞患部，讓裝有冰塊的冰袋接觸並且確實加壓患部。使用專用膠帶即可以確實達到加壓的效果。

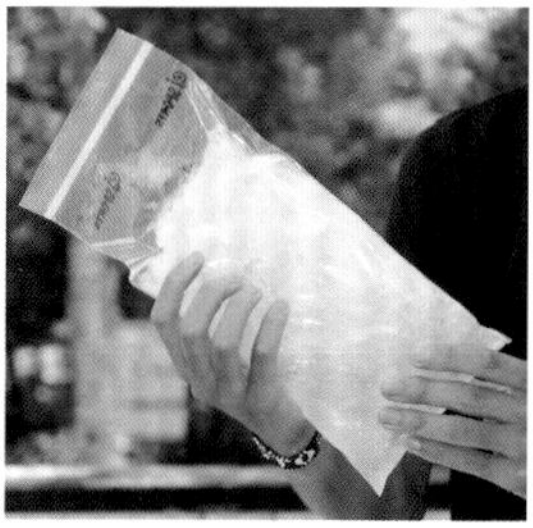

冰袋

用來讓冰塊接觸患部。使用冰敷專用冰袋即可以均勻地接觸患部。

冰塊

準備體積比較細小的冰塊，即可以更緊密地貼附患部，提高冰敷的效果。

主要冰敷部位

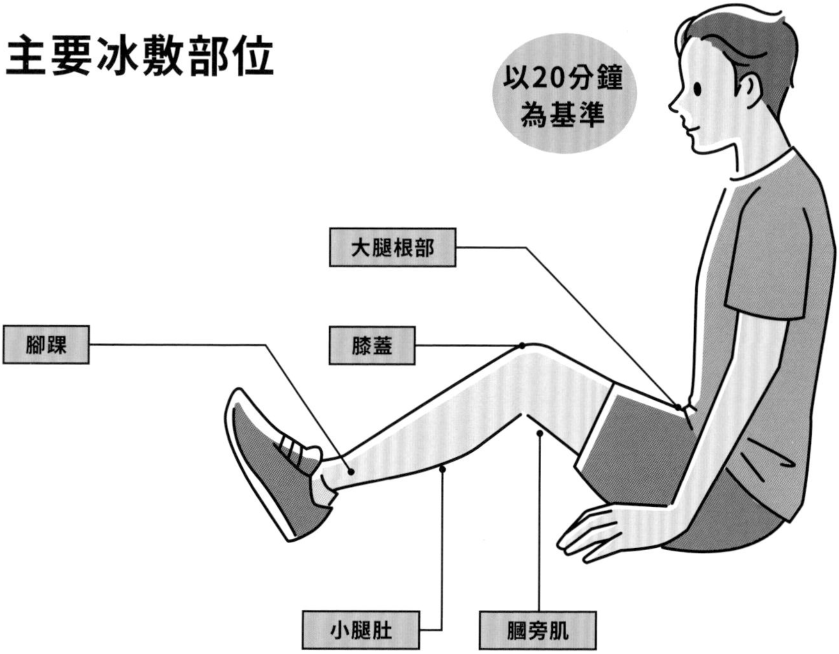

冰敷方式

準備冰塊、食品保存袋、專用冰袋、專用膠帶與鐵鎚。

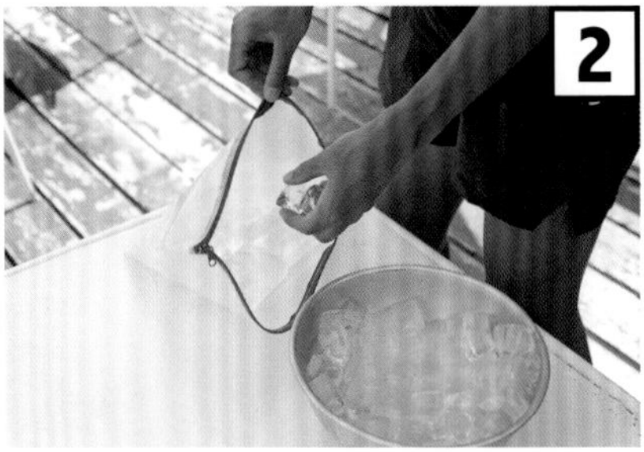

將較大的冰塊塞進食品保存袋之類的袋子中。這邊的袋子是用來打碎冰塊的簡易用品，所以可以使用百元商店等賣場所販售的夾鏈袋替代。

冰塊裝進冰袋後，在開口的邊緣處預留些微縫隙。

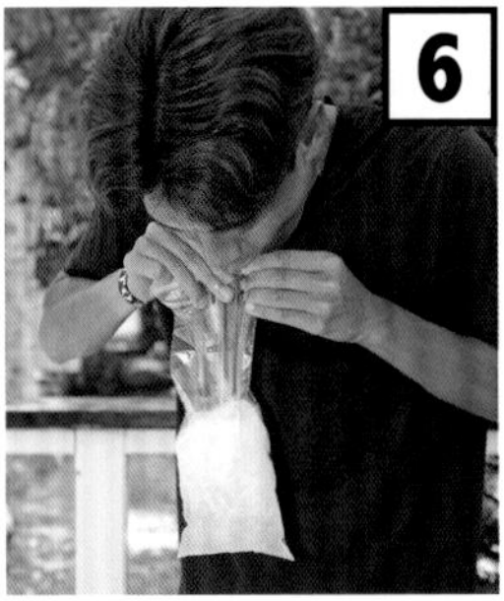

從縫隙處徹底排出空氣，再塑形使其呈現扁平狀。

變成真空的狀態之後即完成。

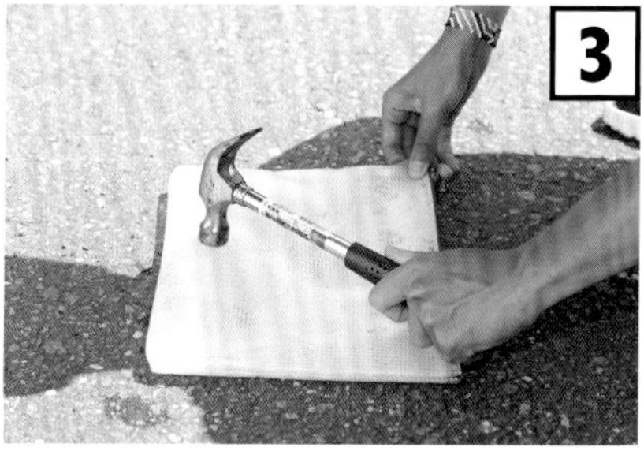

將冰塊裝進袋子後，用鐵鎚逐一敲碎成顆粒狀。

將敲碎的冰塊裝進專用的冰袋或冷凍袋中。

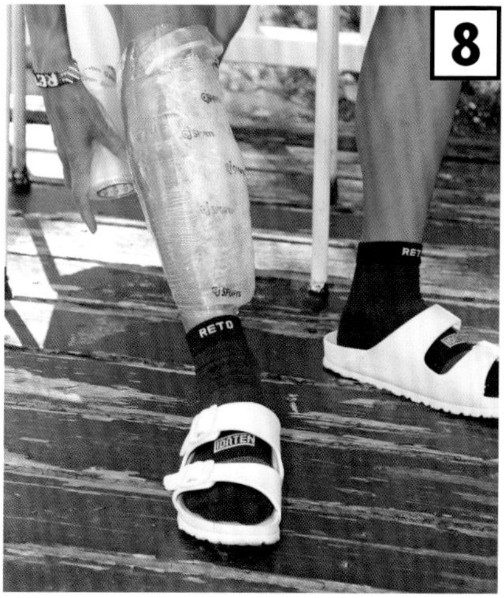

利用冰敷用膠帶將冰袋緊緊纏繞於患部或是想要降溫之處，以進行加壓。在這個步驟牢牢固定為其中的一大關鍵。

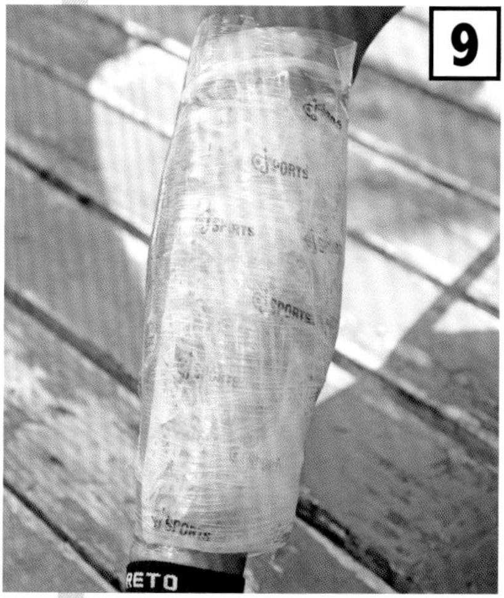

利用冰敷用膠帶確實纏繞並加壓好後，把冰敷的部位放到椅子上等處，將部位抬至比心臟還高的位置，休息20分鐘。

結語

如果是在一年前有人找我討論編寫書籍的事宜，我可能不會積極回應對方。作為一名現役的運動員，我既沒有專門研究過運動生理學，也不具備相關資格，因此對於書寫一本適合市民跑者閱讀的參考書心裡感到牴觸。

那麼我為什麼會下定決心編寫這本書呢？這是因為在日本於2022年5月，我有了專為大眾成立的跑步俱樂部（RETO RUNNING CLUB）中所累積的經驗。我在經營俱樂部的過程中發現，自己從長年的競賽生活中所獲得的知識以及經驗對市民跑者也很有幫助。加上我本身也很有足夠的動力去支持俱樂部成員達成目標，應該也是我自然而然地想要編寫本書的原因之一。俱樂部的成員有「想要跑得更快」、「希望減少受傷」、「想要改善姿勢」等想法，而我希望多少能解決全日本跑者們所共有的煩惱，於是寫了這本書。

本書是將我的經驗以及從支援我的人們身上所獲得的知識彙集成冊，其中有很多是在接受關照了我約10年的體能教練中野・詹姆士・修一先生的指導中學會的。我在編寫本書時也獲得了他各方面的指點，在此向他表達感激之意。此外，也很感謝日本文藝社的岩田先生與NAISG的岸先生給了我這次機會。倘若本書能夠成為眾多跑者達成目標的後盾，我會備感欣喜。一起透過跑步來豐富人生吧！

作者簡介

神野大地(Kamino Daichi

日本愛知縣津島市出身的職業跑者。畢業於中京大學附屬中京高中與青山學院大學。

在2015年箱根驛傳去程第5區間的登山賽段中刷新了區間紀錄，帶領團隊取得首勝，因而被譽為「第三代山神」與「山神神野」。在2019 年的亞洲馬拉松錦標賽中奪冠，以亞洲王者之姿大放異彩。馬拉松個人最佳成績為2小時9分鐘34秒。於2022年成立了「RETO RUNNING CLUB」，還會為市民跑者提供指導。

RETO RUNNING CLUB

由神野大地領導的跑步俱樂部。指導的對象是認真志在達成目標的市民跑者。在每月舉辦2次的練習會中，會實施高難度的訓練。不僅會由神野親自直接指導，還會邀請體能教練、短跑教練、醫生與營養師等專業人員來舉辦講習會等，真心實意地支援成員達成目標。

日文版 STAFF

編輯	NAISG　https://naisg.com/ 松尾里央、岸正章、崎山大希、鈴木陽介
結構	石井宏美
設計	大橋麻耶（maya design room）
DTP	沖增岳二、小中功、STUDIO 戀球
插畫	涉澤惠美
封面攝影	水上俊介
攝影	天野憲仁（日本文藝社）
協助單位	NewEffort 股份公司 Sport Motivation 股份公司 富士見高原 八岳田徑場 簡易旅館 KEN HOUSE

全方位圖解跑步技巧攻略

「山神」神野大地從伸展、跑姿到馬拉松訓練的基本功鍛鍊法

2024年12月1日初版第一刷發行

作　　者	神野大地
譯　　者	童小芳
編　　輯	吳欣怡
發 行 人	若森稔雄
發 行 所	台灣東販股份有限公司 <地址>台北市南京東路4段130號2F-1 <電話>(02) 2577-8878 <傳真>(02) 2577-8896 <網址>https://www.tohan.com.tw
郵撥帳號	1405049-4
法律顧問	蕭雄淋律師
總 經 銷	聯合發行股份有限公司 <電話>(02) 2917-8022

TOHAN

國家圖書館出版品預行編目資料

全方位圖解跑步技巧攻略:「山神」神野大地從伸展、跑姿到馬拉松訓練的基本功鍛鍊法 / 神野大地著 ; 童小芳譯. -- 初版. -- 臺北市 : 臺灣東販股份有限公司, 2024.12
128面 ;14.8×21公分
ISBN 978-626-379-653-9 (平裝)

1.CST: 賽跑 2.CST: 運動訓練

528.946　　113016217